Vorbilder, Vordenker, Visionäre

365

Menschen, die Geschichte schrieben

B BUCHER

Ebenfalls erhältlich ...

ISBN 978-3-89405-435-9

ISBN 978-3-7654-5549-0

ISBN 978-3-7658-1853-0

ISBN 978-3-7654-5504-9

ISBN 978-3-7658-1854-7

ISBN 978-3-89405-910-1

ISBN 978-3-86245-106-7

ISBN 978-3-7654-5701-2

ISBN 978-3-86245-660-4

ISBN 978-3-86245-653-6

1 *Januar*

»Man kann nicht zweimal in denselben Fluss steigen.«

Heraklit

gestorben um 460 v. Chr.

Berühmter vorsokratischer Philosoph, auf den die Idee der Aussage »panta rei« (alles fließt) zurückgehen soll.

Impressum

Idee und Konzept: Dagmar Becker-Göthel
Produktmanagement: Dorothea Teubner
Grafische Gestaltung und Satz: Janette Schroeder, wortundart, München
Repro: Repro Ludwig, Zell am See, Austria
Herstellung: Bettina Schippel

Bibliografische Information der Deutschen Nationalbibliothek
Die Deutsche Nationalbibliothek verzeichnet diese Publikation
in der Deutschen Nationalbibliographie; detaillierte bibliografische
Daten sind im Internet über http://dnb.d-nb.de abrufbar.

Unser komplettes Programm:
www.bucher-verlag.de

© 2011 Bucher Verlag, München
Alle Rechte vorbehalten
Gesamtherstellung: Verlagshaus GeraNova Bruckmann
ISBN: 978-3-7658-1854-7

2. Januar

»Ein Weg braucht kein Wohin. Es genügt ein Woher.«

Ernst Barlach

geboren am 2. Januar 1870
gestorben am 24. Oktober 1938

Größter deutscher Bildhauer des 20. Jahrhunderts, der auch als Schriftsteller und Zeichner arbeitete. Sein Thema war der Mensch und das Leben, das er in einer Art expressionistischem Realismus darstellte.

Bildnachweis

Sämtliche Bilder bezogen von dpa Picture-Alliance GmbH, Frankfurt am Main; im Einzelnen: Adorno, Amiel, Aristoteles, Arndt, von Assisi, Augustinus, Baudelaire, Benz, Brillat-Savarin, von Carlowitz, Christus, Claudius, Curtius, da Vinci, Demokrit, Diderot, Diesel, Echnaton, Elisabeth I., Escoffier, Ford, Frank, Friedrich, Fröbel, Fromm, Fugger, Gauss, Goethe, Grillparzer, Gropius, Große, Heidegger, Heraklit, Alexander von Humboldt, Hus, Kandinsky, Kant, Kneipp, Kollwitz, Kolping, Kolumbus, Kopernikus, von Kues, Lange, Lasker-Schüler, Leibniz, Liebermann, Luther King, Magnus, Marc, Marcuse, Melanchthon, Merian, Mies van der Rohe, Mohammed, von Moltke, Morgenstern, Mozart, Mühsam, Müntzer, Nestroy, Nostradamus, von Orléans, Pufendorf, Raabe, Raiffeisen, Rodin, Rotterdam, Schiller, Schlegel, Schliemann, Schmeling, Hans und Sophie Scholl, Schumann, Schwitters, Steiner, Swift, Tolstoi, von Tours, Truffaut, Tucholsky, Valentin, Varnhagen von Ense, Voltaire, Weber, Werfel, Wittgenstein, Zeppelin: **akg**; von Aquin, Epikur, Friedrich der Große, van Gogh, von Sales, Schmid: **akg/Erich Lessing**; Lévi-Strauss: **akg/Marion Kalter**; Ray: **akg/Paul Almasy**; Hatschepsut: **Herve Champollion/akg**; Maimonides: **Design Pics**; Buddha: **Dinodia Photo Library**; Braun, Cobain, Greene, Große, Hendrix, Hippokrates, Lichtenberg, Lowe, Opitz, Peale, Pestalozzi, Platon, Politkovskaja, Rahner: **dpa**; Ghosananda: **dpa/afp**; Bauer, Celan, Clairvaux, Corbusier, Dali, Dostojewski, Gaudi, Kahlo, Lagerlöf, Macchiavelli, Heinrich Mann, Montaigne, Neuss, Papst, Radbruch, Reis, Schumacher, Semmelweis, Sontag, von Stauffenberg, Stein, Mutter Teresa: **dpa Bildarchiv**; Emerson, Spitzweg: **dpa Bilderdienste**; Böll: **dpa Fotografia**; Hitchcock, Hundertwasser, Taylor: **dpa Fotoreport**; Güllich, Lao-Tse, Modersohn-Becker, Otto-Peters, Schindler, Schlingensief, Schneider: **dpa Report**; Libuda: **dpa Sportreport**; Rabin: **epa/AFP**; Balzac, Beethoven, Carson, Cook, Gasset, Gould, Helmholtz, Hemingway, Jefferson, Kennedy, Kepler, Locke, Luther, Melville, Nightinghale, Nobel, Pasteur, Polo, Pythagoras, Rockefeller, Schumann, Tolkien, Whitman: **Everett Collection**; Arendt, Beauvoir, Bosch, Brandt, Buber, Hobbes, Lassalle, Liebig, Ludwig II., Modigliani, Newton, Sartre, von der Vogelweide: **imagestate/HIP**; Smith: **imagestate/HIP/Ann Ronan Picture Library**; Frankl, Hebbel, Klimt, Musil, Reinhardt, Rilke, Sand, Schnitzler, Schönberg, von Suttner: **Imagno**; Juchacz: **Imagno/Schostal Archiv**; Dunant, Hillary, Mann, Nietzsche, Schopenhauer: **KEYSTONE**; Heuss, Reuter: **Kurt Röhrig/Helga Lade**; Frings: **Kurt Rohwedder**; Alberti, Alighieri, Amundsen, Archimedes, Austen, Bacon, Bergmann, Bingen, Boethius, Bohr, Bonhoeffer, Buonarotti, Caesar, Camus, Chaplin, Cicero, Curie, Darwin, Descartes, Dickens, Edison, Eschenbach, Fleming, Garbo, Hahnemann, Hegel, Heine, Hertz, Jung, Lennon, Montessori, Ovid, Pankhurst, Paré, Plutarch, Rousseau, Salomon, Seneca, Tesla, Warhol, Watt, Wegener: **Mary Evans Picture Library**; Guevara: **Mary Evans Picture Library/SALAS**; Bruno, Chagall, Helvétius, Kafka, Levi, Paracelsus, Pascal, Petrarca, Proudhon, Schleiermacher, Spinoza, Tagore, Wieland: **maxppp**; Luxemburg: **maxppp/Leemage**; Spencer, Stowe, Twain: **newscom**; Guttmann: **Photoshot**; Noether: **Sueddeutsche Zeitung Photo**; Eichinger, Frisch, Gurion, Kästner, Niemöller, Scheel, Schmidt: **Sven Simon**; Callas, Guericke, Picasso: **united archives**; Capa, Chanel, Golding, Heisenberg, Hesse, Hume, Planck, Popper, Russell, Saladin, Virchow, Wallenberg: **United Archives/TopFoto**; Wazlawick: **Ursula Röhnert**; Barnard, Hildebrandt: **ZB Fotoreport**; Lilienthal: **ZB/dpa**; Adenauer, Andersen, Antoinette, von Arnim, Astaire, Bach, Baker, Barlach, Beckett, Beuys, Bismarck, Börne, Brecht, Busch, Cash, Chopin, Dean, Dietrich, Disney, Dumas, Dürer, Ebner-Eschenbach, Einstein, Eisler, Ende, Feuerbach, Fichte, Fontane, Franklin, Freud, Friedrichs, Galilei, Gandhi, Große, Händel, Hauptmann, Herder, von Hochheim, Hugo, Wilhelm von Humboldt, Ibsen, Jaspers, Jenner, Kierkegaard, Koch, Konfuzius, Lessing, Ludwig XIV., Marx, Mendelssohn-Bartholdy, Mercury, Mommsen, Nobel, Ockham, Ossietzky, Remarque, Ringelnatz, Röntgen, Rosegger, Sachs, Schostakowitsch, Schweitzer, Semper, Shakespeare, Sokrates, Verne, Wagner, Wilde, Zola, Zuse: **picture alliance**;

3. Januar

»Das Bestreben eines Erfinders sollte im Wesentlichen auf lebensrettende Maßnahmen abzielen.«

Nikola Tesla

geboren am 10. Juli 1856
gestorben am 7. Januar 1943

Visionärer Erfinder, dessen Name weitgehend unbekannt blieb, weil er seine Arbeit in den Dienst der Menschen stellte und sich selbst nie bereichern wollte.

31
Dezember

»Lachen ist eine Macht,
vor der die Größten dieser Welt sich beugen müssen.«

Emile Zola

geboren am 2. April 1840
gestorben am 29. September 1902

Französischer Schriftsteller und Journalist sowie sehr bedeutender
Vertreter des Naturalismus mit großer Strahlkraft in ganz Europa.

4. Januar

»Es gibt kein Schicksal,
welches nicht durch Verachtung
überwunden werden kann.«

Albert Camus

geboren am 7. November 1913
gestorben am 4. Januar 1960

Französischer Nobelpreisträger für Literatur, Philosoph, Dramatiker und Schriftsteller. Er setzte sich publizistisch besonders für den Frieden und die benachteiligte algerische Bevölkerung ein.

30 Dezember

»Niemand ist so arm, dass er nicht etwas abgeben könnte.
Und niemand so reich,
dass er nicht noch ein bisschen mehr Geld gebrauchen könnte.«

Jakob Fugger

geboren am 6. März 1459
gestorben am 30. Dezember 1525

Märchenhaft reicher Kaufmann, Unternehmer und Bankier,
der nicht nur das Kaiserhaus unterstützen, sondern mit
seinen Stiftungen auch bedürftigen Bürgern helfen konnte.

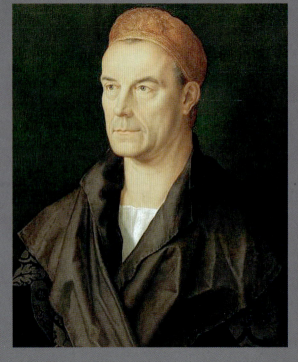

5 *Januar*

»Nun werden Sie sagen, der Politiker kann nicht immer alles sagen;
da haben Sie recht. Aber das, was er sagt, muss wahr sein.«

Konrad Adenauer

geboren am 5. Januar 1876
gestorben am 19. April 1967

Erster Kanzler der Bundesrepublik Deutschland, der maßgeblich die
Ausrichtung der deutschen Politik in der Nachkriegszeit bestimmte.

29. Dezember

»Es gibt Augenblicke,
in denen eine Rose wichtiger ist als ein Stück Brot.«

Rainer Maria Rilke

geboren am 4. Dezember 1875
gestorben am 29. Dezember 1926

Bedeutender Lyriker des 20. Jahrhunderts. Wichtige Bestandteile seines Schaffens bilden außerdem seine Schriften zur Kunst und Literatur sowie sein Roman *Die Aufzeichnungen des Malte Laurids Brigge*.

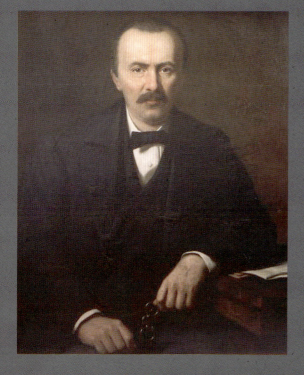

6 Januar

»Talent bedeutet Energie und Ausdauer. Weiter nichts.«

Heinrich Schliemann

geboren am 6. Januar 1822
gestorben am 26. Dezember 1890

Pionier der systematischen Archäologie als Feldarbeit, er fand bei Ausgrabungen in Kleinasien die Ruinen des bronzezeitlichen Troja.

28
Dezember

»Besiegt ist nur, wer den Mut verliert.
Sieger ist jeder, der weiter kämpfen will.«

Franz von Sales

geboren am 21. August 1567
gestorben am 28. Dezember 1622

Ordensgründer, Mystiker und Kirchenlehrer, der ein positives Menschen-
und Gottesbild lehrte und mit seinem Optimismus die Menschen begeisterte.

Januar 7

»Und hatte bald die Freude, meine Mühen durch Erfolg belohnt zu sehen, indem es mir gelang, einen Apparat zu erfinden, durch welchen es ermöglicht wird, die Funktion der Gehörwerkzeuge klar und anschaulich zu machen ... Ich nannte das Instrument Telefon.«

Johann Philipp Reis
geboren am 7. Januar 1834
gestorben am 14. Januar 1874

Deutscher Physiker und Erfinder, der unter anderem das erste Gerät zur Tonübertragung konstruierte und damit zum Wegbereiter des Telefons wurde.

27 Dezember

»Wenn ich mein Leben noch einmal leben könnte, würde ich die gleichen Fehler machen. Aber ein bisschen früher, damit ich mehr davon habe.«

Marlene Dietrich

geboren am 27. Dezember 1901
gestorben am 6. Mai 1992

Deutsch-amerikanische Sängerin und Schauspielerin, die als erste Deutsche ein Filmstar in Hollywood wurde, eine Oscarnominierung erhielt und sich aktiv gegen Hitlerdeutschland einsetzte.

8
Januar

»Ich habe nicht die Hälfte von dem erzählt,
was ich gesehen habe, weil keiner mir geglaubt hätte.«

Marco Polo

geboren um 1254
gestorben am 8. Januar 1324

Venezianischer Kaufmann, der durch seine Reiseberichte,
insbesondere über seinen Besuch in China, weltberühmt wurde.

26 Dezember

»Nur die Liebe zur Wahrheit schafft Wunder.«

Johannes Kepler

geboren am 27. Dezember 1571
gestorben am 15. November 1630

Deutscher Gelehrter – Mathematiker, Optiker, Astronom –, der heute als einer der Begründer der modernen Naturwissenschaften gilt, der aber auch Theologe und Astrologe war.

9 Januar

»Charme ist, was manche Leute haben,
bis sie beginnen, sich darauf zu verlassen.«

Simone de Beauvoir

geboren am 9. Januar 1908
gestorben am 14. April 1986

Französische Schriftstellerin und bekannteste weibliche Existenzialistin,
die zudem als eine der Begründerinnen des modernen Feminismus gilt.

25. Dezember

»Jeder Tag, an dem du nicht lächelst, ist ein verlorener Tag.«

Charlie Chaplin

geboren am 16. April 1889
gestorben am 25. Dezember 1977

Brachte als tragischer und komischer Held vieler Filme
die Menschen zum Lachen – und tut dies bis heute.

10. *Januar*

»Lebenskunst ist die Kunst des richtigen Weglassens, das fängt beim Reden an und hört beim Dekolleté auf.«

Coco Chanel

geboren am 19. August 1883
gestorben am 10. Januar 1971

Modeschöpferin und Gründerin des Modehauses Chanel. Ihr »Chanel-Kostüm«, das »Kleine Schwarze« sowie das Parfum Chanel No. 5 sind noch immer stilprägend.

24. Dezember

»Ersetzt die Habgier durch Liebe, und alles kommt in Ordnung.«

Mahatma Gandhi

geboren am 2. Oktober 1869
gestorben am 30. Januar 1948

Weltberühmter geistlicher und politischer Führer der indischen Unabhängigkeitsbewegung, der durch Gewaltlosigkeit und Beharrlichkeit sein Ziel erreichte.

11. Januar

»Es ist nicht der Berg, den wir bezwingen –
wir bezwingen uns selbst.«

Sir Edmund Hillary

geboren am 20. Juli 1919
gestorben am 11. Januar 2008

Zusammen mit dem Nepalesen Tenzing Norgay war er im Jahr 1953 Erstbesteiger des Mount Everest.

23. Dezember

»Wenn der moderne Mensch die Tiere, deren er sich als Nahrung bedient, selbst töten müsste, würde die Anzahl der Pflanzenesser ins Ungemessene steigen.«

Christian Morgenstern

geboren am 6. Mai 1987
gestorben am 31. März 1914

Deutscher Dichter, Schriftsteller und Übersetzer, der vor allem mit seinen heiter-grotesken Dichtungen große Bekanntheit erlangte. Seine Verse und Aphorismen begeistern noch heute eine beachtliche Anhängerschaft.

12. Januar

»Wer nur bei einem lernt, der vernimmt nie, was die anderen wissen.«

Johann Heinrich Pestalozzi

geboren am 12. Januar 1746
gestorben am 17. Februar 1827

Schweizer Erzieher, Schulreformer und Philosoph,
der als Vorläufer der Anschauungspädagogik gilt.

22 Dezember

»Seine eigenen Erfahrungen bedauern heißt,
seine eigene Entwicklung aufhalten.«

Oscar Wilde

geboren am 16. Oktober 1854
gestorben am 30. November 1900

Irischer Schriftsteller mit schillernder Persönlichkeit,
der sich gern als Dandy gab, aber auch ein äußerst scharfsinniger
und kluger Kritiker seiner Zeit war.

13 *Januar*

»Man darf sich nicht ducken, man muss sich wehren.«

Hannah Arendt

geboren am 14. Oktober 1906
gestorben am 4. Dezember 1975

Deutsch-amerikanische Journalistin und Hochschullehrerin,
veröffentlichte wichtige Beiträge zur politischen Philosophie.
Sie stand der direkten Demokratie näher als der repräsentativen.

21
Dezember

»Blickt auf die Weite, die Festigkeit, die Raschheit des Himmels und hört einmal auf, Wertloses zu bewundern!«

Anicius Boethius

geboren um 475
gestorben um 526

Spätantiker christlicher Philosoph, seine Übertragungen vieler Aristoteles-Schriften ins Lateinische blieben lange Zeit die einzig verfügbaren.

14. Januar

»Als die Nazis die Kommunisten holten, habe ich geschwiegen, ich war ja kein Kommunist. Als sie die Sozialdemokraten einsperrten, habe ich geschwiegen, ich war ja kein Sozialdemokrat. Als sie die Gewerkschafter holten, habe ich geschwiegen, ich war ja kein Gewerkschafter. Als sie mich holten, gab es keinen mehr, der protestieren konnte.«

Martin Niemöller

geboren am 14. Januar 1892
gestorben am 6. März 1984

Deutscher Theologe und als führernder Vertreter der »Bekennenden Kirche« wichtige Figur des christlichen Widerstands gegen den Nationalsozialismus.

20 Dezember

»Ich habe ihn verbunden, und Gott hat ihn geheilt.«

Ambroise Paré

geboren um 1510
gestorben am 20. Dezember 1590

Französischer Arzt, der als Wegbereiter der modernen Chirurgie gilt und Chirurg vieler französischer Könige des 16. Jahrhunderts war.

15 *Januar*

»Wir sind gegen keine Fehler an anderen intoleranter,
als welche die Karikatur unserer eigenen sind.«

Franz Grillparzer

geboren am 15. Januar 1791
gestorben am 21. Januar 1872

Österreichischer Nationalschriftsteller und
bedeutender Dramatiker des 19. Jahrhunderts.

19 Dezember

»Jede höhere Stufe, welche der Mensch betritt,
erfordert eine andere Lebensordnung.«

Christoph Martin Wieland

geboren am 5. September 1733
gestorben am 20. Januar 1813

Einer der bedeutendsten deutschen Dichter der Aufklärung,
der zum klassischen Viergestirn von Weimar gezählt wird.

16 *Januar*

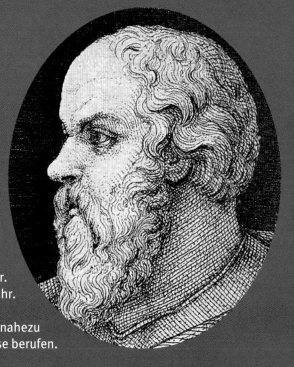

»Wer die Welt bewegen will, sollte erst sich selbst bewegen.«

Sokrates

geboren 469 v. Chr.
hingerichtet 399 v. Chr.

Herausragender Denker der griechischen Antike, auf den sich nahezu
alle antiken Philosophen in irgendeiner Weise berufen.

18
Dezember

»Zur Summe meines Lebens gehört im Übrigen,
dass es die Ausweglosikeit nicht gibt.«

Willy Brandt

geboren am 18. Dezember 1913
gestorben am 8. Oktober 1992

Bedeutender deutscher sozialdemokratischer Politiker und Träger des Friedensnobelpreises, als Bundeskanzler und Initiator der Ostpolitik stellte er die Weichen für eine Entspannung des Verhältnisses mit den osteuropäischen Staaten.

17 Januar

»Gegen Angriffe kann man sich wehren.
Gegen Lob ist man machtlos.«

Sigmund Freud

geboren am 6. Mai 1856
gestorben am 23. September 1939

Österreichischer Arzt und Religionskritiker sowie als Begründer der Psychoanalyse eine der einflussreichsten Persönlichkeiten des 20. Jahrhunderts.

17
Dezember

»Die Zukunft des Volkes hängt nicht von der Zahl der Kraftwagen ab, sondern von der Zahl der Kinderwagen.«

Josef Frings

geboren am 6. Februar 1887
gestorben am 17. Dezember 1978

Erzbischof zu Köln, der in der berühmten Silvesterpredigt 1946 den Kölnern den Kohlenklau erlaubte, der wie auch das »Organisieren« von Lebensmitteln in der Nachkriegszeit als »Fringsen« bekannt wurde.

18 *Januar*

»Lese jeden Tag etwas, was sonst niemand liest.
Denke jeden Tag etwas, was sonst niemand denkt.
Tue jeden Tag etwas, was sonst niemand albern genug wäre, zu tun.
Es ist schlecht für den Geist, andauernd Teil der Einmütigkeit zu sein.«

Gotthold Ephraim Lessing

geboren am 22. Januar 1729
gestorben am 15. Februar 1781

Wichtigster deutscher Schriftsteller der Aufklärung,
dessen dramatische Werke heute noch Teil der Theaterlandschaft sind.

16
Dezember

»Sei neugierig und fälle nie ein vorschnelles Urteil.«

Walt Whitman

geboren am 31. Mai 1819
gestorben am 26. März 1892

US-amerikanischer Dichter,
der als Begründer der modernen Dichtung in den USA gilt.

19 *Januar*

»Freiheit ist Gleichheit.«

Pierre Joseph Proudhon

geboren am 15. Januar 1809
gestorben am 19. Januar 1865

Französischer Soziologe und Ökonom, der als einer der
ersten Anarchisten gilt und sich für die Abschaffung
der Ausbeutung von Menschen einsetzte.

15. Dezember

»Dass uns eine Sache fehlt, sollte uns nicht davon abhalten, alles andere zu genießen.«

Jane Austen

geboren am 15. Dezember 1775
gestorben am 18. Juli 1817

Britische Schriftstellerin, deren Werke zur klassischen Weltliteratur zählen und sich nach wie vor großer Popularität erfreuen.

20 *Januar*

»Mag auch das Böse sich noch so sehr vervielfachen, niemals vermag es das Gute aufzuzehren.«

Thomas von Aquin

geboren um 1225
gestorben am 7. März 1274

Kirchenlehrer, Theologe und Vertreter der Scholastik, außerdem einer der einflussreichsten Philosophen des Abendlandes.

14. Dezember

»Ein Mann mit einer neuen Idee gilt so lange als verschroben,
bis er Erfolg hat.«

Friedrich Hebbel

geboren am 18. März 1813
gestorben am 13. Dezember 1863

Deutscher Lyriker, Dramatiker und der erste Schillerpreisträger, der
sich zudem politisch und sozial während der Märzrevolution engagierte.

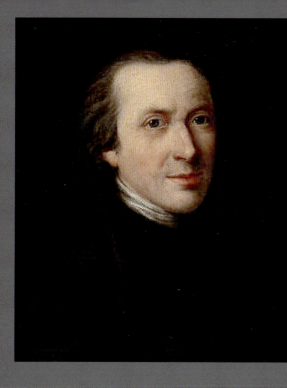

21 Januar

»Niemand ist frei, der nicht über sich selbst Herr ist.«

Matthias Claudius

geboren am 15. August 1740
gestorben am 21. Januar 1815

Bedeutender deutscher Dichter, Lyriker, Journalist und Redakteur des berühmten *Wandsbecker Boten*, dessen Werke stets von tiefer Religiosität geprägt waren.

13. Dezember

»Das Risiko falscher Entscheidungen
ist dem Schrecken der Unentschlossenheit vorzuziehen.«

Maimonides

geboren um 1136
gestorben am 13. Dezember 1204

Philosoph, Arzt und Jurist, der als bedeutendster
jüdischer Gelehrter des Mittelalters gilt.

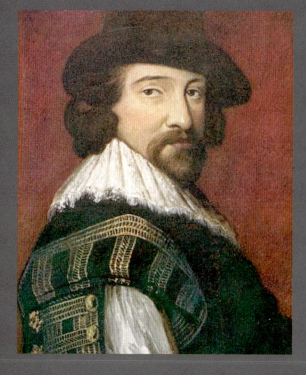

22 Januar

»Wer neue Heilmittel scheut, muss das alte Übel dulden.«

Francis Bacon

geboren am 22. Januar 1561
gestorben 9. April 1626

Bedeutender englischer Staatsmann und Philosoph, dem der Ausspruch »Wissen ist Macht« zugeschrieben wird.

12 Dezember

»Nur auf dem Boden harter Arbeit
bereitet sich normalerweise der Einfall vor.«

Max Weber

geboren am 21. April 1864
gestorben am 14. Juni 1920

Der wohl wichtigste deutsche Soziologe, außerdem Nationalökonom
und Klassiker der Kulturwissenschaft von sehr großem Einfluss bis heute.

23 Januar

»Jeder Mensch ist ein Träger von Fähigkeiten, ein sich selbst bestimmendes Wesen, der Souverän schlechthin in unserer Zeit. Er ist ein Künstler.«

Joseph Beuys

geboren am 12. Mai 1921
gestorben am 23. Januar 1986

Bedeutender Vertreter der Kunst des 20. Jahrhunderts, sein »erweiterter Kunstbegriff« umfasst auch Politik und Gesellschaft.

11
Dezember

»Man muss nicht wissen, wer den Tuberkelbazillus entdeckt hat.«

Robert Koch

geboren am 11. Dezember 1843
gestorben am 27. Mai 1910

Deutscher Medizin-Nobelpreisträger, der die moderne Bakteriologie und Tropenmedizin begründete und erstmals die Bedeutung von Krankheitserregern nachwies.

24 Januar

»Scharfes, kluges Denken, ruhiges Abwägen
und warmes menschliches Fühlen gehören zusammen.«

Marie Juchacz

geboren am 15. März 1879
gestorben am 28. Januar 1956

Deutsche Frauenrechtlerin, Sozialreformerin und Sozialdemokratin,
die als einzige Frau dem »Ausschuß zur Vorberatung des Entwurfs einer
Verfassung des Deutschen Reichs« der Nationalversammlung angehörte.

10. Dezember

»Alles beginnt mit der Sehnsucht.«

Nelly Sachs

geboren am 10. Dezember 1891
gestorben am 12. Mai 1970

Deutsche Literaturnobelpreisträgerin und
eine der wichtigsten Lyrikerinnen des 20. Jahrhunderts.

25 Januar

»Halte fest: Du hast vom Leben doch am Ende nur dich selber.«

Hans Theodor Woldsen Storm

geboren am 14. September 1817
gestorben am 4. Juli 1888

Deutscher Schriftsteller und Jurist des 19. Jahrhunderts, Verfasser von Prosa und Novellen des deutschen Realismus. Zu seinen bekanntesten Werken zählen *Der Schimmelreiter* und *Es waren zwei Königskinder*.

9 Dezember

»Es gibt nichts Törichteres im Leben als das Erfinden.«

James Watt

geboren am 30. Januar 1736
gestorben am 25. August 1819

Bedeutender britischer Erfinder, der mit seiner entscheidenden
Verbesserung der Dampfmaschine die Industrielle Revolution auslöste.

26
Januar

»Die Liebe zum Erfinden höret nimmer auf.«

Carl Friedrich Benz

geboren am 25. November 1844
gestorben am 4. April 1929

Deutscher Ingenieur und Erfinder des Benzinautos.

8 Dezember

»Ich bin nur ein gewöhnlicher Mensch,
der verdammt ungewöhnliche Sachen macht.«

John Lennon

geboren am 9. Oktober 1940
ermordet am 8. Dezember 1980

Britischer Komponist, Autor sowie Mitbegründer und
musikalischer Kopf der Band *The Beatles*, die Popgeschichte schrieb.

27 Januar

»Ich lege mich nie zu Bett, ohne zu bedenken, dass ich vielleicht den anderen Tag nicht mehr sein werde. Und es wird doch kein Mensch von allen, die mich kennen, sagen können, dass ich im Umgange mürrisch oder traurig wäre.«

Wolfgang Amadeus Mozart

geboren am 27. Januar 1756
gestorben am 5. Dezember 1791

Einer der bedeutendsten und vielseitigsten Komponisten aller Zeiten.

7 Dezember

»Der Mensch ist gut, nur die Leut' sind schlecht.«

Johann Nepomuk Nestroy

geboren am 7. Dezember 1801
gestorben am 25. Mai 1862

Österreichischer Schauspieler, Dramatiker, Satiriker und Kritiker seiner Zeit sowie der wichtigste Vertreter des derben Alt-Wiener Realismus, der sich gegen die Romantik wandte.

28 Januar

»Der schlimmste Weg, den man wählen kann,
ist der, keinen zu wählen.«

Friedrich der Große

geboren am 24. Januar 1712
gestorben am 17. August 1786

Legendärer preußischer König mit vielen Begabungen
und wichtiger Repräsentant des aufgeklärten Absolutismus.

Dezember 6

»Der Mensch ist nicht zum Vergnügen, sondern zur Freude geboren.«

Marcus Tullius Cicero

geboren am 3. Januar 106 v. Chr.
ermordet am 7. Dezember 43 v. Chr.

Vielseitiger römischer Anwalt und geschickter Politiker, außerdem einer der berühmtesten Redner seiner Zeit, als Schriftsteller und Briefschreiber stilistisches Vorbild und als Philosoph Vermittler des griechischen Gedankenguts in der römischen Welt.

29 Januar

»Denn der Krieg ist ein Übel und die Gewalt ist das größte Übel.«

Ernst Moritz Arndt

geboren am 26. Dezember 1769
gestorben am 29. Januar 1860

Deutscher Schriftsteller und einer der bedeutendsten Lyriker der Epoche der Freiheitskriege, zugleich war er Abgeordneter der Frankfurter Nationalversammlung und glühender Patriot, der von seinen Zeitgenossen sehr verehrt, später aber deutlich kritischer beurteilt wurde.

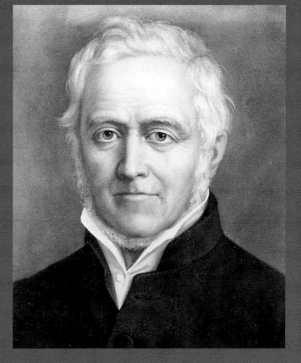

5 Dezember

»Wenn man neugierig ist,
findet man viele interessante Dinge zu tun.«

Walt Disney

geboren am 5. Dezember 1901
gestorben am 15. Dezember 1966

Erfinder von Mickey Mouse, Donald Duck & Co.,
kreativer Kopf mit vielen Ideen, die den Menschen Freude gemacht haben.

30 Januar

»Mach' nur einmal das, von dem andere sagen, dass du es nicht schaffst, und du wirst nie wieder auf deren Grenzen achten müssen.«

James Cook

geboren am 7. November 1728
gestorben am 14. Februar 1779

Berühmter britischer Seefahrer und Entdecker.

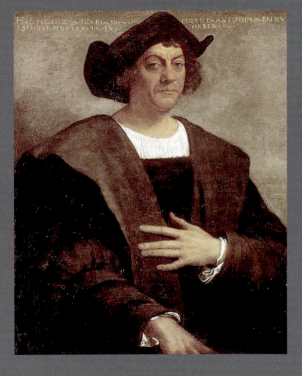

Dezember 4.

»Kein Ergebnis menschlichen Fortschritts
wird durch ungeteilte Zustimmung erzielt.«

Christoph Kolumbus

geboren um 1451
gestorben am 20. Mai 1506

Italienischer Seefahrer, der sich mutig am Beginn der Neuzeit
vermeintlich nach Asien aufmachte und Amerika wiederentdeckte.

31 *Januar*

»Wer immer die Wahrheit sagt,
kann sich ein schlechtes Gedächtnis leisten.«

Theodor Heuss

geboren am 31. Januar 1884
gestorben am 12. Dezember 1963

Erster Präsident der Bundesrepublik Deutschland und
Mitglied des Parlamentarischen Rates, der das Grundgesetz erarbeitete.

3 Dezember

»Heut' mach ich mir kein Abendbrot,
heut' mach ich mir Gedanken.«

Wolfgang Neuss

geboren am 3. Dezember 1923
gestorben am 5. Mai 1989

Unbequemer deutscher Schauspieler und Sänger, der in den sechziger Jahren als bester deutscher Kabarettist galt und immer wieder mit seinen provokativen Aktionen aneckte.

1 Februar

»Bildung ist das, was übrig bleibt,
wenn man alles vergessen hat, was man gelernt hat.«

Werner Heisenberg

geboren am 5. Dezember 1901
gestorben am 1. Februar 1976

Deutscher Physiker, Nobelpreisträger und einer der
bedeutendsten Naturwissenschaftler des 20. Jahrhunderts,
wandte sich 1957 gegen die atomare Bewaffnung der Bundesrepublik.

Dezember 2

»Das Publikum klatscht nicht für das, was einmal war.«

Maria Callas

geboren am 2. Dezember 1923
gestorben am 16. September 1977

Griechische Sopranistin, die als bedeutendste Vertreterin der italienischen Oper des 20. Jahrhunderts gilt, berühmt für ihre Bühnenpräsenz und Wandlungsfähigkeit.

2. Februar

»Die Entdeckung eines neuen Gerichtes macht die Menschheit.«

Jean-Anthelme Brillat-Savarin

geboren am 1. April 1755
gestorben am 2. Februar 1826

Französischer Schriftsteller, Philosoph, einer der bedeutendsten französischen Gastrosophen, der durch seine Veröffentlichungen wesentlich zur Weiterentwicklung der europäischen Kochkunst beitrug.

1 Dezember

»Wer nicht an Wunder glaubt, ist kein Realist.«

David Ben Gurion

geboren am 16. Oktober 1886
gestorben am 1. Dezember 1973

Israelischer Staatsmann, erster Premierminister und Gründer der sozialdemokratischen Partei Israels, der ein friedliches Zusammenleben mit den Arabern anstrebte.

3
Februar

»Als Künstler wie als Mensch kommt es darauf an, bewegt zu sein, zu lieben, zu hoffen, zu schauen und zu leben.«

Auguste Rodin

geboren am 12. November 1840
gestorben am 17. November 1917

Französicher Bildhauer und Zeichner, der als Begründer der impressionistischen Stilrichtung auf dem Gebiet der Plastik gilt und in ganz Europa stilprägend wirkte.

30. November

»Nichts ist schwerer und nichts erfordert mehr Charakter, als sich in offenem Gegensatz zu seiner Zeit zu befinden und laut zu sagen: Nein.«

Kurt Tucholsky

geboren am 9. Januar 1890
gestorben am 21. Dezember 1935

Deutscher Schriftsteller und einer der bedeutendsten Publizisten der Weimarer Republik, der sich als pazifistischer Demokrat verstand und den Nationalsozialismus scharf kritisierte.

4 Februar

»Es gibt Dinge, die so ernst sind,
dass man nur Witze darüber machen kann.«

Niels Bohr

geboren am 7. Oktober 1885
gestorben am 18. November 1962

Dänischer Physiker und Nobelpreisträger, sein großartiges Atommodell ist ein wichtiger Schritt in der Entwicklung der Quantenmechanik.

29 November

»Komme, was kommen mag.
Die Stund' und Zeit durchläuft den rau'sten Tag.«

William Shakespeare

geboren am 23. April 1564
gestorben am 23. April 1616

Englischer Dramatiker und Lyriker,
der zu den bedeutendsten Dichtern der Menschheit zählt.

5. Februar

»Leben ist die Lust zu schaffen.«

Carl Spitzweg

geboren am 5. Februar 1808
gestorben am 23. September 1885

Der vielleicht berühmteste deutsche Maler des Biedermeiers.

28 November

»In der Zukunft wird jeder für 15 Minuten weltberühmt sein.«

Andy Warhol

geboren am 6. August 1928
gestorben am 22. Februar 1987

Amerikanischer Künstler und Grafiker, als Begründer
und bedeutendster Vertreter der Pop-Art mit enormem Einfluss
auf die Ästhetik des 20. Jahrhunderts.

6. Februar

»Hebe deinen Blick von der Erde zum Himmel –
welch bewundernswürdige Ordnung zeigt sich da!«

Leo Tolstoi

geboren am 28. August 1828
gestorben am 7. November 1910

Russischer Schriftsteller und einer der wichtigsten
und berühmtesten Dichter der Literaturgeschichte.

27. November

»Ich bin derjenige, der sterben muss,
wenn meine Zeit zu sterben gekommen ist;
also lasst mich auch mein Leben leben, so wie ich es will.«

Jimi Hendrix

geboren am 27. Nobember 1942
gestorben am 18. September 1970

Amerikanischer Musiker und Gitarrist, der die Rockmusik maßgeblich und nachhaltig beeinflusst hat, seine experimentelle Spielweise wurde legendär.

7. Februar

»Habe ein Herz, das niemals verhärtet.«

Charles Dickens

geboren am 7. Februar 1812
gestorben am 9. Juni 1870

Britischer Schriftsteller, der als einer der meistgelesenen gilt. Mit Werken wie *Oliver Twist*, *David Copperfield* und *Eine Weihnachtsgeschichte* schuf er Klassiker, die im englischen und US-amerikanischen Sprachraum jeder kennt.

26. November

»Der Blick über die Welt hinaus ist der einzige, der die Welt versteht.«

Richard Wagner

geboren am 22. Mai 1813
gestorben am 13. Februar 1883

Einer der bedeutendsten Musiker, Regisseure und Komponisten des 19. Jahrhunderts, Gründer der Bayreuther Festspiele und Vorreiter der modernen Musik.

8 Februar

»In jedermann ist etwas Kostbares, das in keinem anderen ist.«

Martin Buber

geboren am 8. Februar 1878
gestorben am 13. Juni 1965

Jüdischer Religionsphilosoph, der sich früh für die
israelisch-arabische Verständigung einsetzte.

25
November

»Wundern muss man sich, dass die meisten Leute auf große Häuser und dergleichen ihr Vermögen anwenden; es wäre aber vielleicht besser, wenn sie ihren Grund und Boden zu verbessern suchten, welches doch ihnen wie den Nachkommen und dem allgemeinen Besten weit nutzbarer sein dürfte.«

Carl von Carlowitz

geboren am 14. Dezember 1645
gestorben am 3. März 1714

Deutscher Staatswissenschaftler in Sachsen, »Erfinder der Nachhaltigkeit«.

9 Februar

»Malerei ist Ankommen an einem anderen Ort.«

Franz Marc

geboren am 8. Februar 1880
gestorben am 4. März 1916

Deutscher Maler und einer der bedeutendsten Vertreter des Expressionismus, außerdem Gründungsmitglied des *Blauen Reiter*.

24
November

»Nicht weinen, nicht zürnen, sondern begreifen!«

Baruch de Spinoza

geboren am 24. November 1634
gestorben am 21. Februar 1677

Niederländischer Philosoph des Rationalismus
und Mitbegründer der modernen Bibelkritik.

10. Februar

»Wer kämpft, kann verlieren.
Wer nicht kämpft, hat schon verloren.«

Bertolt Brecht

geboren am 10. Februar 1898
gestorben am 14. August 1956

Einer der wichtigsten deutschen Schriftsteller, Dramatiker und Lyriker des 20. Jahrhunderts.

23 November

»Du sei wie du, immer.«

Paul Celan

geboren am 23. November 1920
gestorben am 20. April 1970

Einer der bedeutendsten deutschsprachigen Lyriker des
20. Jahrhunderts; mit seinem Gedicht *Todesfuge* gelangte er zu Weltruhm.

11 *Februar*

»Des Vaters Selbstbeherrschung
ist der beste Unterricht für seine Kinder.«

Demokrit

geboren 460 v. Chr.
gestorben 371 v. Chr.

Einer der größten Gelehrten der griechischen Antike,
der unter anderem die Atome entdeckte.

22. November

»Wann, wenn nicht jetzt?
Wo, wenn nicht hier?
Wer, wenn nicht wir?«

John F. Kennedy

geboren am 29. Mai 1917
ermordet am 22. November 1963

Der 35. Präsident der Vereinigten Staaten, dessen Ermordung 1963
die ganze Welt in einen Schockzustand versetzte.

12 Februar

»Die Ehrfurcht vor der Vergangenheit und die Verantwortung gegenüber der Zukunft geben fürs Leben die richtige Haltung.«

Dietrich Bonhoeffer

geboren am 4. Februar 1906
hingerichtet am 9. April 1945

Deutscher Theologe, der die Übereinstimmung von Glauben und Handeln forderte und als Mitglied der »Bekennenden Kirche« im Widerstand gegen den Nationalsozialismus hingerichtet wurde.

21
November

»Die Gerechtigkeit ist die zweite große Aufgabe des Rechts,
die erste aber ist die Rechtssicherheit, der Friede.«

Gustav Radbruch

geboren am 21. November 1878
gestorben am 23. November 1949

Deutscher Politiker, Publizist und Rechtsphilosoph von großem Einfluss.
In seine Amtszeit als Justizminister der Weimarer Republik fallen bedeutende Gesetze, die auch dem Schutz der Demokratie dienen sollten.

13 Februar

»Der Künstler trägt die Zeit nicht,
zwischen zwei Deckel gelegt, bei sich an einer Kette;
er richtet sich nach dem Zeiger des Universums.«

Else Lasker-Schüler

geboren am 11. Februar 1869
gestorben am 22. Januar 1945

Deutsche Dichterin der Avantgarde und Vertreterin des Expressionismus.

20 November

»Am Anfang war die Kraft.«

Paula Modersohn-Becker

geboren am 8. Februar 1876
gestorben am 20. November 1907

Deutsche Malerin, Zeichnerin, Radiererin und eine der
bedeutendsten Vertreterinnen des frühen Expressionismus.

14 Februar

»Was es alles gibt, das ich nicht brauche.«

Aristoteles

geboren 384 v. Chr.
gestorben 322 v. Chr.

Schüler Platons, einer der wichtigsten und bekanntesten Philosophen der griechischen Antike, der viele Bereiche maßgeblich beeinflusste oder sogar begründete.

19 November

»Schenkens Lohn ist wie die Saat, die aufgeht:
Reiche Ernte naht, wenn reichlich ausgestreut man hat.«

Walther von der Vogelweide

geboren um 1170
gestorben um 1230

Der bedeutendste deutschsprachige Dichter des Mittelalters, von ihm sind über 500 Lieder erhalten, er gehört zudem zu den zwölf Meistersingern.

15 Februar

»Ich glaube nicht, dass derselbe Gott, der uns Sinne, Vernunft und Verstand gab, uns ihren Gebrauch verbieten wollte.«

Galileo Galilei

geboren am 15. Februar 1564
gestorben am 8. Januar 1642

Italienischer Mathematiker, Physiker, Philosoph und Astronom, der als Begründer der klassischen Physik und modernen Astronomie gilt. Er wies erstmals die Theorie des heliozentrischen Planetensystems nach.

18
November

»Zwei Kleider hat ein Schaf. Wenn es geschoren wird,
schenkt es eines dem, der keines hat. So sollt auch ihr handeln.«

Martin von Tours

geboren um 316
gestorben am 8. November 397

Dritter Bischof von Tours und einer der populärsten Heiligen,
der schon zu Lebzeiten bei den Menschen wegen seiner Demut sehr
beliebt war. Er teilte der Sage nach seinen Mantel mit einem Bettler.

16 Februar

»Die unzureichende Sinneswahrnehmung
widerlegt die Unendlichkeit nicht.«

Giordano Bruno

geboren im Januar 1548
hingerichtet am 17. Februar 1600

Italienischer Dichter, Philosoph und Priester, der als Vertreter des
Pantheismus wegen Ketzerei verurteilt wurde und auf dem Scheiterhaufen starb.

17 November

»Sicher ist, dass nichts sicher ist. Selbst das nicht.«

Joachim Ringelnatz

geboren am 7. August 1883
gestorben am 17. November 1934

Deutscher Kabarettist und humoristischer Schriftsteller, der auch als Zeichner tätig war und zeitlebens sehr unangepasst lebte.

17
Februar

»Wenn wir es recht überdenken,
so stecken wir doch alle nackt in unseren Kleidern.«

Heinrich Heine

geboren am 13. Dezember 1797
gestorben am 17. Februar 1856

Einer der wichtigsten Schriftsteller des 19. Jahrhunderts sowie
engagierter und kluger Kritiker seiner Zeit und ihrer Menschen.

16
November

»Was dir widerfuhr, siehe, es mag verwehn.
Was du daraus machst, Seele, das soll bestehn.«

Albertus Magnus

geboren um 1200
gestorben am 15. November 1280

Deutscher Kirchenlehrer, Bischof und Gelehrter,
der als Wegbereiter des mittelalterlichen Aristotelismus gilt.

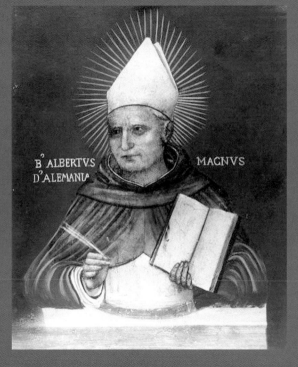

18 *Februar*

»Schönheit ist eine bestimmte gesetzmäßige Übereinstimmung aller Teile, die darin besteht, dass man weder etwas hinzufügen noch hinwegnehmen könnte, ohne sie weniger gefällig zu machen.«

Leon Batista Alberti

geboren am 18. Februar 1404
gestorben am 20. April 1472

Genialer Künstler der Renaissance, dessen Kirchen und Paläste Generationen von Architekten inspirierten und dessen theoretische Grundlagen für die Kunst der Renaissance bis ins 19. Jahrhundert hinein Bestand hatten.

15 *November*

»Lebe jeden Tag, als ob es dein erster und dein letzter wäre.«

Gerhart Hauptmann

geboren am 15. November 1862
gestorben am 6. Juni 1946

Deutscher Schriftsteller, Dramatiker und Nobelpreisträger,
der den Naturalismus in Deutschland auf die Bühne brachte.

19 *Februar*

»Die Erde ist nur einer der um die Sonne kreisenden Planeten.«

Nikolaus Kopernikus

geboren am 19. Februar 1473
gestorben am 24. Mai 1543

Arzt und Domherr, der erstmals in der Neuzeit das heliozentrische Weltbild beschrieb und bewies, dass sich die Planeten elliptisch um die fixe Sonne bewegen.

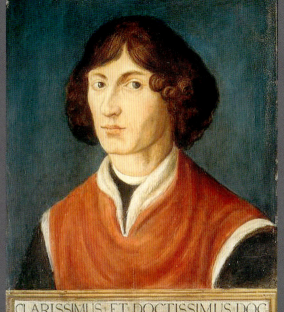

14
November

»Demut ist, alle Ausgezeichnetheit, alle Eigentümlichkeit bei Seite zu setzen und sich in die Sache des Allgemeinen zu vertiefen.«

Georg Wilhelm Friedrich Hegel

geboren am 27. August 1770
gestorben am 14. November 1831

Deutscher Philosoph und wichtigster Vertreter des deutschen Idealismus, dessen Werk als eines der bedeutendsten der Geschichte gilt.

20. Februar

»Manchmal frage ich mich, ob ich nicht gut und gerne der glücklichste Junge der Welt sein könnte.«

Kurt Cobain

geboren am 20. Februar 1967
gestorben am 5. April 1994

US-amerikanischer Rockmusiker; Gitarrist, Sänger und kreativer Kopf der Gruppe Nirvana, der als Ikone einer ganzen Generation gilt.

13 November

»In dir muss brennen, was du in anderen entzünden willst.«

Aurelius Augustinus

geboren am 13. November 354
gestorben am 28. August 430

Einer der wichtigsten Kirchenlehrer und Philosophen der Christenheit sowie Verfasser einflussreicher Schriften, die fast alle erhalten sind. Nach einem Bekehrungserlebnis entsagte er der Welt, gründete ein Kloster und wurde Bischof von Hippo.

21 Februar

»Aber der Lehrer muss den Mut haben, sich zu blamieren. Er muss sich nicht als der Unfehlbare zeigen, der alles weiß und nie irrt, sondern als der Unermüdliche, der immer sucht und vielleicht manchmal findet.«

Arnold Schönberg

geboren am 13. September 1874
gestorben am 13. Juli 1951

Musiker, Komponist und Maler, dessen Einfluss auf die Musik des 20. Jahrhunderts enorm war. Er beschritt radikal neue Wege in der Kompositionstechnik und den theoretischen Grundlagen.

12 November

»Alle Zeit, die nicht mit dem Herzen wahrgenommen wird,
ist so verloren wie die Farbe eines Regenbogens für einen Blinden
oder das Lied eines Vogels für einen Tauben.«

Michael Ende

geboren am 12. November 1929
gestorben am 28. August 1995

Deutscher Schriftsteller, Verfasser echter Kinderbuchklassiker,
von denen viele verfilmt wurden, etwa *Die unendliche Geschichte*.

22. Februar

»Ich bereue meine Handlungsweise nicht und will die Folgen, die mir aus meiner Handlungsweise erwachsen, auf mich nehmen.«

Sophie Scholl
geboren am 9. Mai 1921
hingerichtet am 22. Februar 1943

Widerstandskämpferin der *Weißen Rose*, die von den Nationalsozialisten hingerichtet wurde. Bis heute ist sie ein Vorbild für Mut und Aufrichtigkeit.

11
November

»Alles, was dir begegnen wird, ist leider nicht zu vermeiden.«

Søren Kierkegaard

geboren am 5. Mai 1813
gestorben am 11. November 1855

Dänischer Philosoph und Theologe,
der als Begründer der modernen Existenzphilosophie gilt.

23 Februar

»Es gibt nur ein Anzeichen für Weisheit: gute Laune, die anhält.«

Michel de Montaigne

geboren am 23. Februar 1533
gestorben am 13. September 1592

Französischer Philosoph und Politiker,
der als Begründer des Essays gilt und die Aufklärung einleitete.

10 November

»Es ziemet sich nicht, dass du dich verachten oder an dir selbst verzweifeln wolltest, und das umso weniger, je mehr du dich selbst elend fühlst.«

Martin Luther

geboren am 10. November 1483
gestorben am 18. Februar 1546

Urheber der Reformation, Theologe und Übersetzer des Neuen Testaments ins Deutsche und eine der wichtigsten Personen der abendländischen Geschichte.

24 Februar

»Der größte Narr kann mehr fragen,
als der Weiseste beantworten kann.«

Georg Christoph Lichtenberg

geboren am 1. Juli 1742
gestorben am 24. Februar 1799

Deutscher Schriftsteller, Mathematiker, Professor für Experimentalphysik und
philosophisch-satirischer Kritiker, der als Erfinder des deutschen Aphorismus gilt.

9. November

»Wenn ich nicht im Stand der Gnade bin, möge mich Gott dahin bringen, wenn ich es bin, möge mich Gott darin erhalten!«

Johanna von Orléans

geboren um 1412
hingerichtet am 30. Mai 1431

Französische Nationalheldin, die im Hundertjährigen Krieg die französischen Truppen gegen die Engländer führte. Nach ihrer Hinrichtung auf dem Scheiterhaufen wurde sie rehabilitiert und 1920 heiliggesprochen.

25 Februar

»Ich bin nur mit dem anderen, allein bin ich nichts.«

Karl Jaspers

geboren am 23. Februar 1883
gestorben am 26. Februar 1969

Philosoph und Psychiater, bedeutender Vertreter
der Existenzphilosophie, der durch seine Schriften
einem sehr breiten Publikum bekannt wurde.

8 November

»Wenn dich ein Löwe in einen Fluss voller Krokodile jagt, springst du in das Wasser in der Hoffnung, auf die andere Seite schwimmen zu können. Aber du würdest nie auf so was wetten, wenn es keinen Löwen gäbe.«

Christiaan Barnard

geboren am 8. November 1922
gestorben am 2. September 2001

Südafrikanischer Herzchirurg und Pionier auf dem Gebiet der Herztransplantationen, der in seiner Heimat als Legende gilt.

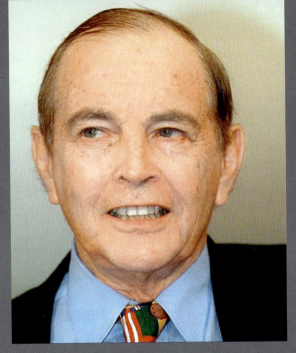

26. Februar

»Ein Mensch ohne Verlangen und ohne Bedürfnis
ist ohne Geist und ohne Vernunft.«

Claude Adrien Helvétius

geboren am 26. Februar 1715
gestorben am 26. Dezember 1771

Französischer Philosoph der Aufklärung und Materialist,
der von der Gleichheit aller Menschen überzeugt war.

7. November

»Ich wüsste gern, ob der Schnee die Bäume und die Felder liebt, wo er sie so zärtlich küsst.«

Lewis Carroll

geboren am 27. Januar 1832
gestorben am 14. Januar 1898

Britischer Schriftsteller, Fotograf, Mathematiker und Diakon, der das weltbekannte Kinderbuch *Alice im Wunderland* verfasste.

27 Februar

»Mein Leben beginnt jeden Morgen neu und endet jeden Abend;
Pläne und Absichten darüber hinaus habe ich keine.«

Edith Stein

geboren am 12. Oktober 1891
hingerichtet am 9. August 1942

Deutsche Philosophin und Nonne, die wegen ihrer jüdischen Abstammung
in Auschwitz ermordet und später als Märtyrerin heiliggesprochen wurde.

November 6

»Wir haben keine inneren Stimmen mehr,
wir wissen heute zu viel, der Verstand tyrannisiert unser Leben.«

Robert Musil

geboren am 6. November 1880
gestorben am 15. April 1942

Österreichischer Schriftsteller, der als einer der bedeutendsten
Erzähler des 20. Jahrhunderts gilt. Sein bekanntestes Werk
Der Mann ohne Eigenschaften blieb unvollendet.

28 Februar

»Wir geben uns zu wenig Rechenschaft darüber,
wie viel Enttäuschung wir anderen bereiten.«

Heinrich Böll

geboren am 21. Dezember 1917
gestorben am 16. Juli 1985

Deutscher Literaturnobelpreisträger, der als einer der bedeutendsten
deutschen Schriftsteller der Nachkriegszeit gilt und sich nicht nur kritisch
mit dem politischen System Deutschlands und anderer Länder
auseinandersetzte, sondern auch die katholische Kirche angriff.

5. November

»Das große Ziel der Bildung ist nicht Wissen, sondern Handeln.«

Herbert Spencer

geboren am 27. April 1820
gestorben am 8. Dezember 1903

Britischer Philosoph und Soziologe, der die Theorie der Evolution
erstmals auf die gesellschaftliche Entwicklung anwandte.

29
Februar

»Der Geist entscheidet – was du denkst, das bist du.«

Siddhartha Gautama Buddha

gestorben um 400 v. Chr.

Legendärer Begründer der Lehre des Buddhismus.

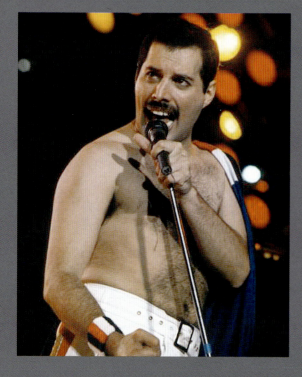

4. November

»Ich nehme mich selbst nicht zu ernst.«

Freddie Mercury

geboren am 5. September 1946
gestorben am 24. November 1991

Leadsänger der britischen Band Queen
und einer der bedeutendsten Sänger der Rockgeschichte.

1 *März*

»Kunst ist die Vernunft selbst, die durch das Genie verschönt ist, aber einen vorgeschriebenen Weg geht und durch höhere Gesetze in Schranken gehalten wird.«

Frédéric Chopin

geboren am 1. März 1810
gestorben am 17. Oktober 1849

War einer der einflussreichsten Klavierkomponisten und Pianisten des 19. Jahrhunderts und gilt als bedeutendste Persönlichkeit der polnischen Musikgeschichte.

3 November

»Herr, gib mir die Kraft, die Dinge zu ändern, die ich ändern kann, die Gelassenheit, das Unabänderliche zu ertragen, und die Weisheit, zwischen diesen beiden Dingen die rechte Unterscheidung zu treffen.«

Franz von Assisi

geboren um 1181
gestorben am 3. Oktober 1226

Italienischer Bettelmönch, Gründer des Franziskaner- sowie des Klarissenordens und berühmter Heiliger.

2 März

»Was wäre das Leben,
hätten wir nicht den Mut, etwas zu riskieren?«

Vincent van Gogh

geboren am 30. März 1853
gestorben am 29. Juli 1890

Bedeutender niederländischer Maler und Künstler.

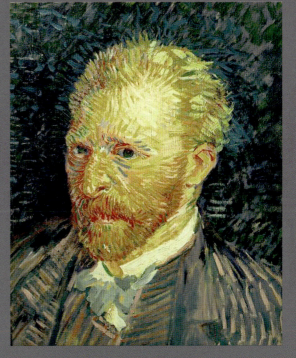

November 2

»Champagner ist der einzige Wein,
der eine Frau noch schöner macht, nachdem sie ihn getrunken hat.«

Marie Antoinette

geboren am 2. November 1755
gestorben am 16. Oktober 1793

Erzherzogin von Österreich, die dem Haus Habsburg-Lothringen
entstammte und später Königin von Frankreich und Navarra wurde.

3 März

»Europäische Kaufleute liefern die besten Waffen,
ein Beitrag zu ihrer eigenen Niederlage.«

Saladin

geboren im Jahr 1137
gestorben am 3. März 1193

Der siegreiche Gegner der Kreuzfahrer ist im Abendland
wohl der bekannteste islamische Herrscher und wurde für die
islamische Welt zum Mythos.

November 1

»Warum sollten wir zögern,
die alte Anschauung über Bord zu werfen?«

Alfred Lothar Wegener

geboren am 1. November 1880
gestorben im November 1930

Deutscher Geologe und Forscher, seine überaus bedeutende Theorie der Kontinentaldrifts bildet die Grundlage des heutigen Plattentektonikmodells.

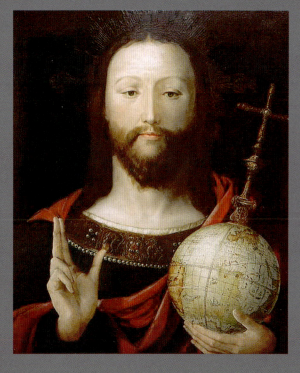

4 März

»Liebet eure Feinde; segnet, die euch fluchen;
tut wohl denen, die euch hassen;
bittet für die, die euch beleidigen und verfolgen.«

Jesus Christus

geboren um 4 v. Chr.
hingerichtet um 30 n. Chr.

Jüdischer Prophet, nach dem Neuen Testament der Messias und von
Gott gesandte Sohn, als Gekreuzigter Gründer der christlichen Religion.

31 Oktober

»Immer Gerechtigkeit für andere, Mut für uns selbst.
Das sind zwei Tugenden, worin alle andern bestehen.«

Rahel Varnhagen von Ense

geboren am 19. Mai 1771
gestorben am 7. März 1833

Deutsche Schriftstellerin der Romantik,
die sich für die Emanzipation von Juden und Frauen einsetzte.

5. März

»Freiheit ist immer auch die Freiheit der anderen.«

Rosa Luxemburg

geboren am 5. März 1871
ermordet am 15. Januar 1919

Vielleicht die bedeutendste Vertreterin der Arbeiterbewegung, marxistische Theoretikerin und Antimilitaristin, Gründungsmitglied und hauptsächliche Verfasserin des Programms der KPD, die weit über Deutschland hinaus wirkte.

30
Oktober

»Mitgefühl ist nie verschwendet,
es sei denn, man hat Mitleid mit sich selbst.«

Henry Dunant

geboren am 8. Mai 1828
gestorben am 30. Oktober 1910

Begründer der internationalen Rotkreuzbewegung, der für sein Engagement 1901 den Friedensnobelpreis erhielt und auf dessen Forderungen die Genfer Konvention als Teil des humanitären Völkerrechts fußt.

6. März

»Tod und Liebe sind die Flügel,
die einen guten Mann in den Himmel tragen.«

Michelangelo Buonarotti

geboren am 6. März 1475
gestorben am 18. Februar 1564

Italienischer Baumeister, Bildhauer, Maler, Dichter
und wohl der bedeutendste Künstler der Renaissance.

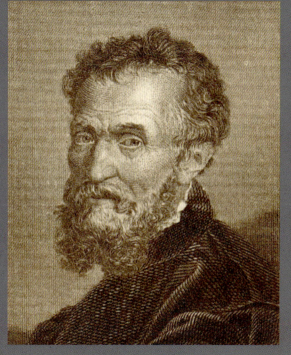

29. Oktober

»Die Kunst ist der Spiegel der innersten Seele.«

Bettina von Arnim

geboren am 4. April 1785
gestorben am 20. Januar 1859

Bedeutende Schriftstellerin der deutschen Romantik;
sie übte Kritik an den sozialen Verhältnissen ihrer Zeit
und trat für die Gleichberechtigung von Frauen ein.

7 März

»Fremd ist der Fremde nur in der Fremde.«

Karl Valentin

geboren am 4. Juni 1882
gestorben am 9. Februar 1948

Einer der wichtigsten Komiker des 20. Jahrhunderts, der mit seinen klugen Geistlosigkeiten bis heute vielen Humoristen als Vorbild gilt.

28 *Oktober*

»Eine gute Küche ist das Fundament allen Glücks.«

Auguste Escoffier

geboren am 28. Oktober 1846
gestorben am 12. Februar 1935

Französischer Meisterkoch, der die franzöische Küche maßgeblich beeinflusste und durch seine berühmte Publikation *Kochkunstführer*, die die Grundlage der Küche des 20. Jahrhunderts bildet, zu Weltruhm gelangte.

8
März

»Man muss nur wollen und daran glauben, dann gelingt es.«

Ferdinand Graf von Zeppelin

geboren am 8. Juli 1838
gestorben am 8. März 1917

Deutscher General und Kontrukteur des berühmten
Luftschiffs seines Namens.

27
Oktober

»Alle Menschen sind klug – die einen voher, die anderen nachher.«

François Marie Arouet Voltaire

geboren am 21. November 1694
gestorben am 30. Mai 1778

Französischer Dramatiker, Philosoph, Kritiker und Aufklärer, der einem ganzen Zeitalter den Stempel aufdrückte, in jedem Fall einer der bedeutendsten Denker aller Zeiten.

9 *März*

»Wir dürfen nicht annehmen,
dass alle Dinge unsretwegen geschaffen worden sind.«

René Descartes

geboren am 31. März 1598
gestorben am 11. Februar 1650

Französischer Naturwissenschaftler, Mathematiker – Erfinder der analytischen
Geometrie – und als Philosoph Begründer des frühneuzeitlichen Realismus.

26 Oktober

»Was uns die Reisen zeigen, ist der Schmutz,
mit dem wir das Antlitz der Menschheit besudelt haben.«

Claude Lévi-Strauss

geboren am 28. November 1908
gestorben am 30. Oktober 2009

Begründer der strukturalen Anthropologie und einer der bedeutendsten
Ethnologen des 20. Jahrhunderts.

10 März

»Ich habe mein ganzes Leben lang ... gegen einen Geist der Enge, der Überheblichkeit, der Intoleranz und des Absoluten ... angekämpft.«

Helmuth James Graf von Moltke

geboren am 11. März 1907
gestorben am 23. Januar 1945

Widerstandskämpfer gegen den Nationalsozialismus und Begründer des *Kreisauer Kreises*, der sich als Jurist vielfach gegen völkerrechtswidrige Befehle wandte.

25 Oktober

»Man kann niemanden überholen,
wenn man in seine Fußstapfen tritt.«

François Truffaut

geboren am 6. Februar 1932
gestorben am 21. Oktober 1984

Einer der bedeutendsten französischen Filmregisseure, außerdem
Schauspieler und Produzent, dessen besonderes Engagement für
benachteiligte Kinder ihn lebenslang auszeichnete.

11 *März*

»Toleranz wird zum Verbrechen, wenn sie dem Bösen gilt.«

Thomas Mann

geboren am 6. Juni 1875
gestorben am 12. August 1955

Literaturnobelpreisträger und im deutschen Sprachraum
einer der bedeutendsten Erzähler des 20. Jahrhunderts.

24 Oktober

»Auf dem Weg nach oben
sollte man jede Stufe zumindest einmal berührt haben.«

Bernd Eichinger

geboren am 11. April 1949
gestorben am 24. Januar 2011

Leidenschaftlicher Filmproduzent, der den deutschen Film mit Erfolgen wie
Der Name der Rose oder *Das Parfum* maßgeblich prägte. Im April 2010
erhielt Eichinger beim Deutschen Filmpreis die Ehrenauszeichnung.

12 *März*

»Wie zahlreich sind doch deine Werke; sie sind verborgen dem Gesichte der Menschen, du einziger Gott, außer dem es keinen andern gibt! Du hast die Erde geschaffen nach deinem Herzen, du einzig und allein.«

Echnaton

geboren um 1351 v. Chr.
gestorben um 1334 v. Chr.

Pharao des Mittleren Reiches, der grundlegende Reformen in Religion und Gesellschaft einführte, vor allem aber den Monotheismus in Ägypten etablierte.

23 Oktober

»Freude ist ein Netz von Liebe, mit dem man Seelen fangen kann.«

Mutter Teresa

geboren am 26. August 1910
gestorben am 5. September 1995

Katholische Ordensschwester und -gründerin, die durch ihre
Hilfsprojekte für Arme weltweit bekannt wurde und dafür 1979
den Friedensnobelpreis erhielt.

13 *März*

»Ich bin dankbar, dass Furcht nicht in die Konstruktion meiner Persönlichkeit einbezogen wurde, sie muss sehr unbequem sein.«

Helene Lange

geboren am 9. April 1848
gestorben am 13. Mai 1930

Die deutsche Frauenrechtlerin und Lehrerin wird bis heute als Symbolfigur und Kopf der gesamten Frauenbewegung gesehen.

22 Oktober

»Wenn eure Bilder nicht scharf genug sind,
dann wart ihr nicht nah genug dran.«

Robert Capa

geboren am 22. Oktober 1913
gestorben am 25. Mai 1954

Der vielleicht bekannteste Kriegsreporter,
berühmt für seine Fotos aus dem Spanischen Bürgerkrieg.

14. *März*

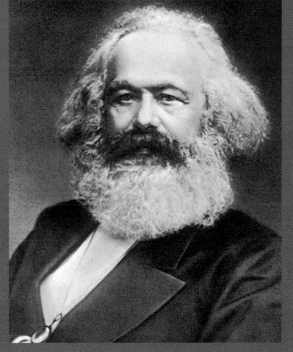

»Die Philosophen haben die Welt nur verschieden interpretiert,
es kommt darauf an, sie zu verändern.«

Karl Marx

geboren am 5. Mai 1818
gestorben am 14. März 1883

Der wichtigste Theoretiker des Kommunismus und Sozialismus
war Philosoph, Journalist und Gesellschaftskritker.

21 Oktober

»Mit meinem verbleibenden realisierbaren Vermögen soll auf folgende Weise verfahren werden: das Kapital, dass von den Nachlassverwaltern in sichere Wertpapiere realisiert wurde, soll einen Fond bilden, dessen Zinsen jährlich als Preis an diejenigen ausgeteilt werden sollen, die im vergangenen Jahr der Menschheit den größten Nutzen erbracht haben.«

Alfred Nobel

geboren am 21. Oktober 1833
gestorben am 10. Dezember 1896

Schwedischer Chemiker, Stifter des Nobelpreises und Erfinder des Dynamits.

15 *März*

»Die Teilnahme der Frau an den Interessen des Staates ist nicht ein Recht, sondern eine Pflicht.«

Louise Otto-Peters

geboren am 26. März 1819
gestorben am 13. März 1895

Mitbegründerin der Frauenbewegung und deutsche Schriftstellerin, die sich in der sogenannten Märzrevolution einbrachte und die für die aktive Beteiligung der Arbeiterinnen an der Politik warb.

20 Oktober

»Suchst du dich selbst, so suche draußen in der Welt.
Suchst du die Welt, so suche in dir selbst.«

Rudolf Steiner

geboren am 27. Februar 1861
gestorben am 30. März 1925

Begründer der Anthroposophie und Impulsgeber für viele Lebensbereiche
wie die Reformpädagogik, die Kunst und die Bio-Landwirtschaft.

16 *März*

»Das größte Glück ist, an sich selbst zu glauben.«

Selma Lagerlöf

geboren am 20. November 1858
gestorben am 16. März 1940

Schwedische Literaturnobelpreisträgerin und die erste Frau überhaupt,
die diesen Preis erhielt, geliebt vom Publikum und der Kritik gleichermaßen.

19 Oktober

»Ewig wahr ist, dass keine Nation sich frei nennen kann,
bei der die Freiheit nur ein Vorrecht, nicht aber ein Grundgesetz ist.«

Harriet Beecher Stowe

geboren am 14. Juni 1811
gestorben am 1. Juli 1896

Verfasserin des Buches *Onkel Toms Hütte*, das entscheidend
zur Anti-Sklaverei-Bewegung in den USA beitrug.

17 *März*

»Die beste Art sich zu wehren: sich nicht anzupassen.«

Marc Aurel

geboren am 26. April 121
gestorben am 17. März 180

Römischer Kaiser, der als Philosoph der letzte bedeutende Vertreter der Stoa war. Seine *Selbstbetrachtungen* gehören zur Weltliteratur.

18 Oktober

»Nur der Denkende erlebt sein Leben,
am Gedankenlosen zieht es vorbei.«

Marie von Ebner-Eschenbach

geboren am 13. September 1830
gestorben am 12. März 1916

Österreichische Schriftstellerin und erster weiblicher Ehrendoktor der Universität Wien. Sie war eine der bedeutendsten Autorinnen des 19. Jahrhunderts und wollte mit ihren Schriften die Menschen verändern.

18 *März*

»Bevor ihr den Menschen predigt, wie sie sein sollen, zeigt es ihnen an euch selbst.«

Fjodor Michailowitsch Dostojewski

geboren am 11. November 1821
gestorben am 9. Februar 1881

Einer der wichtigsten russischen Schriftsteller, der in seinen Werken den Fokus vor allem auf die Schwachen der Welt gelegt hat und von der Kritik als Genie gefeiert wurde.

17
Oktober

»Man muss sich einen gewissen Optimismus immer bewahren.
Man kann nicht heilig sein, wenn man nicht ein fröhliches Herz hat.«

Papst Johannes Paul I.

geboren am 17. Oktober 1912
gestorben am 28. September 1978

Papst, der in seiner kurzen Amtszeit nicht nur eine Fülle liberaler Reformen auf den Weg brachte, sondern auch selbst durch Bescheidenheit, den Verzicht auf Prunk und die Anbetung seiner Person sowie durch Freundlichkeit als das »Lächeln Gottes« in die Geschichte einging.

19 *März*

»Unsere größte Schwäche liegt im Aufgeben.
Der sichere Weg zum Erfolg ist immer,
es doch noch einmal zu versuchen.«

Thomas Alva Edison

geboren am 11. Februar 1847
gestorben am 18. Oktober 1931

Erfinder des Phonographen, der Kohleglühfadenlampe
und des Betongießverfahrens.

16. Oktober

»Es ist alles da, um glücklich auf Erden zu sein –
wir haben Schnee und jeden Tag einen neuen Morgen,
wir haben Bäume und Regen, Hoffnung und Träume, wir sind reich.«

Friedensreich Hundertwasser

geboren am 15. Dezember 1928
gestorben am 19. Februar 2000

Österreichischer Maler und Architekt, der zu den bekanntesten Künstlern des 20. Jahrhunderts zählt. Bei seinen Bauwerken legte er wert auf einen organischen Stil, geprägt durch die Vermeidung exakt geometrischer Formen, gemäß dem Vorsatz »Harmonie mit der Natur«.

20 *März*

»Zu fragen bin ich da, nicht zu antworten.«

Henrik Ibsen

geboren am 20. März 1828
gestorben am 23. Mai 1906

Norwegischer Schriftsteller und Dramatiker mit großem
Einfühlungsvermögen, der seine Zeit und insbesondere
die Situation der Frauen kritisierte.

15 Oktober

»Wer von seinem Tag nicht zwei Drittel für sich selbst hat,
ist ein Sklave.«

Friedrich Nietzsche

geboren am 15. Oktober 1844
gestorben am 25. August 1900

Einflussreicher deutscher Philosoph und klassischer Philologe mit großer
Vielfalt von Denkansätzen, der bis heute als Meister des Aphorismus gilt.

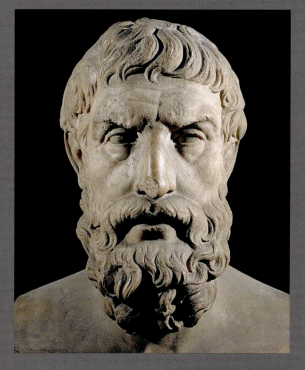

21 *März*

»Wem genug zu wenig ist, dem ist nichts genug.«

Epikur

geboren um 341 v. Chr.
gestorben um 271 v. Chr.

Begründer des Epikureismus, einer philosophischen Schule, die besagt, dass die Lust das höchste Gut im Leben sei.

14
Oktober

»Störe meine Kreise nicht!«

Archimedes

geboren im Jahr 287 v. Chr.
gestorben im Jahr 212 v. Chr.

Vielseitiger Denker und Erfinder in der griechischen Antike.

22 *März*

»Edel sei der Mensch, hilfreich und gut.«

Johann Wolfgang von Goethe

geboren am 28. August 1749
gestorben am 22. März 1832

Gilt als der bedeutendste deutsche Dichter,
sein Werk zählt zu den Glanzpunkten der Weltliteratur.

13
Oktober

»Jeder Irrtum ist ein Schritt zur Wahrheit.«

Jules Verne

geboren am 8. Februar 1828
gestorben am 24. März 1905

Französischer Autor von Reise- und Abenteuerromanen,
der seiner Zeit weit voraus war.

23 *März*

»Liebe ist das Kind der Freiheit, niemals das der Beherrschung.«

Erich Fromm

geboren am 23. März 1900
gestorben am 18. März 1980

Deutscher Sozialpsychologe, Philosoph, Psychoanalytiker und Vertreter des normativen Humanismus, der durch das Buch *Die Kunst des Liebens* weltweit berühmt wurde.

12 *Oktober*

»Es ist Zeit, dass jetzt etwas getan wird.«

Claus Schenk Graf von Stauffenberg

geboren am 15. November 1905
hingerichtet am 21. Juli 1944

Eine der wichtigsten Personen des Widerstands und der Attentäter
des 20. Juli auf Hitler – dafür hingerichtet am Tag darauf.

24 *März*

»Es ist die wichtigste Aufgabe der Naturerkenntnis, dass sie uns befähige, zukünftige Ereignisse vorauszusehen, um nach dieser Voraussicht unser gegenwärtiges Handeln einzurichten.«

Heinrich Hertz

geboren am 22. Februar 1857
gestorben am 1. Januar 1894

Deutscher Naturwissenschaftler, der die Existenz elektromagnetischer Wellen nachwies, und damit einer der bedeutendsten Physiker des 19. Jahrhunderts.

11 Oktober

»Nach ›lieben‹ ist ›helfen‹ das schönste Zeitwort der Welt.«

Bertha von Suttner

geboren am 3. Juni 1863
gestorben am 21. Juni 1914

Österreichische Friedensnobelpreisträgerin und Schriftstellerin, die sich lebenslang unermüdlich für den Frieden einsetzte. Ihr Buch *Die Waffen nieder* machte sie als Pazifistin weltberühmt.

25 *März*

»Um edel zu empfinden,
lass Scham nicht aus der Seele schwinden.«

Wolfram von Eschenbach

geboren um 1170
gestorben um 1220

Deutschsprachiger Dichter und wichtiger Vertreter der mittelhochdeutschen Literatur, der auch bedeutende Minnelieder verfasste.

10 Oktober

»Keine Gesellschaft kann gedeihen und glücklich sein, in der der weitaus größte Teil ihrer Mitglieder arm und elend ist.«

Adam Smith

geboren am 5. Juni 1723
gestorben am 17. Juli 1790

Schottischer Philosoph und Aufklärer, der mit seinem Hauptwerk *Der Wohlstand der Nationen* als Begründer der Volkswirtschaftslehre gilt.

26 *März*

»Ich will dem Schicksal in den Rachen greifen,
ganz niederbeugen soll es mich gewiss nicht.«

Ludwig van Beethoven

geboren am 17. Dezember 1770
gestorben am 26. März 1827

Deutscher Komponist und Musiker; seine Kompositionen stellen
nicht nur die Vollendung der Wiener Klassik dar, sondern gelten
auch als Wegbereiter der Romantik.

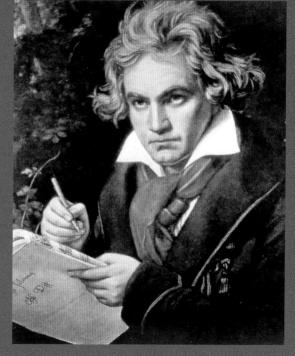

9. Oktober

»Seien wir realistisch, versuchen wir das Unmögliche.«

Che Guevara

geboren am 14. Juli 1928
gestorben am 9. Oktober 1967

Anführer der Kubanischen Revolution, bis heute der Inbegriff des Freiheitskampfes und eine der legendärsten Figuren des 20. Jahrhunderts.

27 *März*

»Wir werden ja sehen, was wir sehen.«

Wilhelm Conrad Röntgen

geboren am 27. März 1845
gestorben am 10. Februar 1923

Deutscher Physiker und Nobelpreisträger, der die Medizin mit seiner
Entdeckung der Röntgenstrahlung entscheidend voranbrachte.

8 Oktober

»Ein jeder, der es wagen wird, gefährliche Irrtümer über das Kindbettfieber zu verbreiten, wird an mir einen rührigen Gegner finden.«

Ignaz Semmelweis

geboren am 1. Juli 1818
gestorben am 13. August 1865

Ungarischer Arzt, der aufgrund seiner Entdeckung, dass Kindbettfieber durch mangelnde Hygiene ausgelöst wird, »Retter der Mütter« genannt wurde.

28 *März*

»Einen guten Journalisten erkennt man daran, dass er sich nicht gemein macht mit einer Sache, auch nicht mit einer guten Sache; dass er überall dabei ist, aber nirgendwo dazugehört.«

Hanns-Joachim Friedrichs

geboren am 15. März 1927
gestorben am 28. März 1995

Deutscher Journalist und Moderator,
der für seine journalistischen Grundsätze noch immer als Vorbild gilt.

7 Oktober

»Man kann eine Idee durch eine andere verdrängen, nur die der Freiheit nicht.«

Ludwig Börne

geboren am 6. Mai 1786
gestorben am 12. Februar 1837

Deutscher Journalist und Theaterkritiker,
der als Wegbereiter des Feuilletons gilt.

29 *März*

»Zufriedenheit ist der Stein der Weisen.
Zufriedenheit wandelt in Gold, was immer sie berührt.«

Benjamin Franklin

geboren am 17. Januar 1706
gestorben am 17. April 1790

Einer der Gründerväter der Vereinigten Staaten von Amerika, außerdem Naturwissenschaftler, Erfinder, Philosoph der Aufklärung und Schriftsteller, der sich während seines ganzen Lebens stets für das Gemeinwohl stark machte.

6. Oktober

»Das ist schön. Das ist Architektur. Die Kunst ist anwesend.«

Le Corbusier

geboren am 6. Oktober 1887
gestorben am 27. August 1965

Einer der bedeutendsten und einflussreichsten Architekten des 20. Jahrhunderts, seine Ideen sind bis heute teilweise umstritten.

30 *März*

»Die unbequemste Art der Fortbewegung ist das Insichgehen.«

Karl Rahner

geboren am 5. März 1904
gestorben am 30. März 1984

Deutscher Theologe und einer der einflussreichsten Katholiken des 20. Jahrhunderts, der das Zweite Vatikanische Konzil entscheidend mitprägte.

5. Oktober

»Die Armut hat ihre Freiheiten, der Reichtum seine Zwänge.«

Denis Diderot

geboren am 5. Oktober 1713
gestorben am 31. Juli 1784

Einer der originellsten Köpfe der europäischen Aufklärung, französischer Schriftsteller und Querdenker, der sich selbst infrage zu stellen vermochte.

31 *März*

»Wem die Kunst das Leben ist, dessen Leben ist eine große Kunst.«

Johann Sebastian Bach

geboren am 31. März 1685
gestorben am 28. Juli 1750

Musikvirtuose der Barockzeit, dessen Kompositionen bis heute
von überragender Bedeutung für die Musikgeschichte sind.

4. Oktober

»Meine Liebe zu Bach ließ mich Musiker werden.«

Glenn Gould

geboren am 25. September 1932
gestorben am 4. Oktober 1982

Kanadischer Pianist, Komponist, Organist und Musikautor, der vor allem für seine Bach-Aufnahmen bekannt wurde. Er suchte Facetten der Musik aufzudecken, die von der Tradition vernachlässigt wurden.

1
April

»Das Vertrauen ist eine zarte Pflanze;
ist es zerstört, so kommt es so bald nicht wieder.«

Otto von Bismarck

geboren am 1. April 1815
gestorben am 30. Juli 1898

Erster Reichskanzler des Deutschen Reiches, an dessen Gründung er maßgeblich beteiligt war und dessen Geschicke er bis zu seiner Entlassung entscheidend prägte.

3 Oktober

»Man kann nicht kämpfen,
wenn die Hosen voller sind als das Herz.«

Carl von Ossietzky

geboren am 3. Oktober 1889
gestorben am 4. Mai 1938

Deutscher Journalist, Pazifist und Friedensnobelpreisträger, der als
Herausgeber der Zeitschrift *Die Weltbühne* die geheime Aufrüstung
der Reichswehr öffentlich machte.

2 *April*

»Die Welt ist nicht so übel, man muss sie nur zu nehmen wissen.«

Hans Christian Andersen

geboren am 2. April 1805
gestorben am 4. August 1875

Dänischer Schriftsteller und Dichter, vor allem für seine Märchen bekannt, und der bis heute wohl berühmteste Künstler seines Landes.

2 Oktober

»Ein Spiel mit ernsten Problemen. Das ist Kunst.«

Kurt Schwitters

geboren am 20. Juni 1887
gestorben am 8. Januar 1948

Deutscher Künstler,
der maßgeblich den Dadaismus mitentwickelte und prägte.

3. April

»Ich würde mich weigern,
an einen Gott zu glauben, den ich verstehen könnte.«

Graham Greene

geboren am 2. Oktober 1904
gestorben am 3. April 1991

Britischer Schriftsteller mit den meisten Nobelpreisnominierungen.

1 Oktober

»So schlimm kann ich gar nicht sein,
wenn alle mich so gern haben.«

Clara Schumann

geboren am 13. September 1819
gestorben am 20. Mai 1896

Deutsche Pianistin und Komponistin mit einer für ihre Zeit herausragenden Bedeutung.

4. April

»Ein wahrhaftiger Frieden ist nicht durch das Fehlen von Spannungen, sondern durch die Vorherrschaft der Gerechtigkeit ausgezeichnet.«

Martin Luther King

geboren am 15. Januar 1929
ermordet am 4. April 1968

Berühmtester Bürgerrechtler der Vereinigten Staaten, Baptistenprediger und Vorkämpfer gegen Rassismus und Unterdrückung, erhielt 1964 für sein Engagement und Eintreten für Gewaltlosigkeit den Friedensnobelpreis.

30
September

»Träume, als ob du für immer lebtest,
lebe, als ob du heute stürbest.«

James Dean

geboren am 8. Februar 1931
gestorben am 30. September 1955

US-amerikanischer Filmschauspieler,
der nach seinem frühen Unfalltod zum Jugendidol wurde.

5. April

»Das Gewissen eines jeden Bürgers ist sein Gesetz.«

Thomas Hobbes

geboren am 5. April 1588
gestorben am 4. Dezember 1679

Einer der bedeutendsten Philosophen der Neuzeit, außerdem Staatstheoretiker und Mathematiker, dessen Werk *Leviathan* eine Rechtfertigung des Absolutismus darstellt.

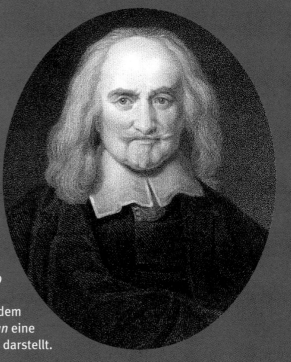

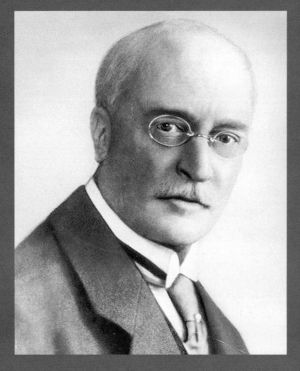

29 September

»Der Gebrauch von Pflanzenöl als Kraftstoff mag heute unbedeutend sein. Aber derartige Produkte können im Laufe der Zeit ebenso wichtig werden wie Petroleum und diese Kohle-Teer-Produkte von heute.«

Rudolf Diesel

geboren am 18. März 1858
gestorben am 29. September 1913

Genialer deutscher Ingenieur, Erfinder des Dieselmotors und theoretischer Wegbereiter zur Nutzung von Biodiesel für Verbrennungsmotoren.

6 April

»Ich will den Menschen, die um mich herum leben und mich doch nicht kennen, Freude und Nutzen bringen. Ich will fortleben, auch nach meinem Tod.«

Anne Frank

geboren am 12. Juni 1929
gestorben Anfang März 1945

Jüdisches Mädchen und Holocaust-Opfer, das durch ihr posthum veröffentlichtes Tagebuch gleichsam ein Symbol für alle Opfer des Nationalsozialismus ist.

28. September

»Staunen ist der erste Weg zu einer Erkenntnis.«

Louis Pasteur

geboren am 27. Dezember 1822
gestorben am 28. September 1895

Französischer Naturwissenschaftler, Mitbegründer der Mikrobiologie und einer der bedeutendsten Wissenschaftler der Geschichte.

7 April

»Das größte Glück liegt im Leben ohne Egoismus.«

Maha Ghosananda

geboren im Jahre 1929
gestorben am 12. März 2007

Kambodschanischer Mönch, der sich nach dem Völkermord in Kambodscha für Frieden, Vergebung, Gewaltlosigkeit und Verständigung einsetzte.

27 September

»Wer darauf besteht, alle Faktoren zu überblicken,
bevor er sich entscheidet, wird sich nie entscheiden.«

Henri Frédéric Amiel

geboren am 27. September 1821
gestorben am 11. Mai 1881

Schweizer Schriftsteller und Philosoph, der durch seine Tagebücher weithin bekannt wurde, die sich auszeichnen durch die Klarheit der Gedanken, die Aufrichtigkeit der Introspektion, die Genauigkeit der Einzelheiten, die entmutigende Vision der Existenz und die Neigung zur Selbstkritik.

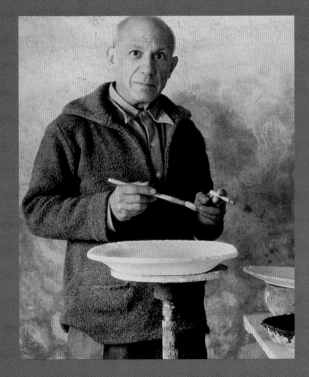

8 April

»Man braucht sehr lange, um jung zu werden.«

Pablo Picasso

geboren am 25. Oktober 1881
gestorben am 8. April 1973

Einer der bedeutendsten Künstler des 20. Jahrhunderts, der ein sehr umfangreiches Werk an Gemälden, Grafiken und Plastiken hinterließ.

26. *September*

»Wir können den dienenden Charakter der meisten Bauwerke als Teil eines städtebaulichen Ganzen nicht oft genug betonen.«

Fritz Schumacher

geboren am 4. November 1869
gestorben am 5. November 1947

Deutscher Architekt, Stadtplaner und Mitbegründer des Deutschen Werkbundes, der besonders die Backsteinbauweise förderte und sich stets für eine Berücksichtigung der Umgebung von Bauvorhaben aussprach.

9 April

»Die Massenirreführung durch Reklame oder die Vortäuschung von Qualitäten wird kaum von den Betrugsbestimmungen erfasst.«

Fritz Bauer

geboren am 16. Juli 1903
gestorben am 1. Juli 1968

Deutscher Richter und Staatsanwalt, der sich nach dem Krieg nicht nur für den Aufbau einer demokratischen Justiz einsetzte, sondern auch die strafrechtliche Verfolgung des Holocausts entscheidend vorantrieb.

25 September

»Es gibt Abende, an denen nicht das Schauspiel, sondern das Publikum durchfällt.«

Max Reinhardt

geboren am 9. September 1873
gestorben am 31. Oktober 1943

Berühmter österreichischer Theatergründer und -führer,
an dessen Wirken und Werk sich die Theaterwelt bis heute orientiert.

10 *April*

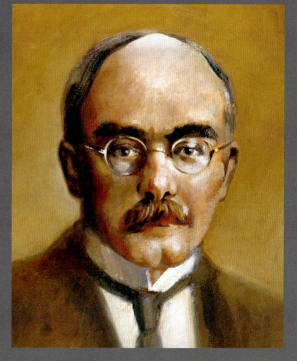

»Die Wahrheit ist das erste Opfer des Krieges.«

Rudyard Kipling
geboren am 30. Dezember 1865
gestorben am 18. Januar 1936

Britischer Schriftsteller, der als jüngster und erster englischer Autor
den Literatur-Nobelpreis erhielt.

24
September

»Alle Macht des Menschen besteht
aus einer Mischung von Zeit und Geduld.«

Theophrastus Bombast von Hohenheim
Paracelsus

geboren am 10. November 1493
gestorben am 24. September 1541

Philosoph, Arzt, Theologe, Astrologe und Alchimist, dessen Theorien
als Vorläufer der alternativen wie auch der Schulmedizin gelten.

11 *April*

»Des Menschen Gemüt ist sein Geschick.«

Ferdinand Lassalle

geboren am 11. April 1825
gestorben am 31. August 1864

Deutscher Politiker und Schriftsteller sowie Wortführer der Arbeiterbewegung seiner Zeit und damit einer der Vordenker der späteren SPD.

23 September

»Lieber Geld verlieren als Vertrauen.«

Robert Bosch

geboren am 23. September 1861
gestorben am 12. März 1942

Deutscher Industrieller, der mit seinen Mitarbeitern Verfolgte des Nationalsozialismus vor der Deportation bewahrte und den Widerstand gegen Hitler unterstützte.

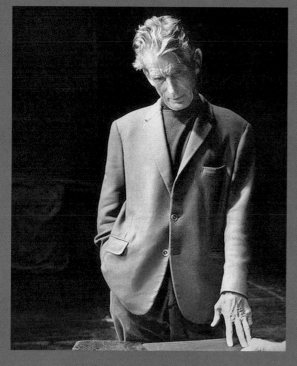

12 April

»Stets versucht. Stets gescheitert.
Macht nichts. Versuche erneut.
Scheitere erneut. Scheitere besser.«

Samuel Beckett

geboren am 13. April 1906
gestorben am 22. Dezember 1989

Irischer Literaturnobelpreisträger und einer
der bedeutendsten Schriftsteller des 20. Jahrhunderts.

22 September

»Es lebe die Freiheit!«

Hans Scholl

geboren am 22. September 1918
hingerichtet am 22. Februar 1943

Widerstandskämpfer der Gruppe *Die Weiße Rose*, der 1943 wegen seines Engagements gegen das NS-Regime hingerichtet wurde.

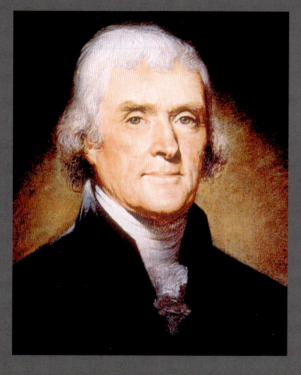

13 *April*

»Wir können nicht zulassen,
dass unsere Führer uns mit ständigen Schulden belasten.«

Thomas Jefferson

geboren am 13. April 1743
gestorben am 4. April 1826

Verfasser der amerikanischen Unabhängigkeitserklärung sowie einflussreicher staatstheoretischer Schriften und dritter Präsident der Vereinigten Staaten.

21 September

»Nicht, was die Dinge wirklich sind, sondern was sie für uns in unserer Auffassung sind, macht uns glücklich oder unglücklich.«

Arthur Schopenhauer

geboren am 22. Februar 1788
gestorben am 21. September 1860

Deutscher Philosoph und bedeutender Denker des 19. Jahrhunderts mit großer Wirkung auf Künstler und Wissenschaftler, vor allem nach seinem Tod.

14 *April*

»Es ist nicht halb so wichtig zu wissen wie zu fühlen.«

Rachel Carson

geboren am 27. Mai 1907
gestorben am 14. April 1964

Amerikanische Biologin und Journalistin, deren berühmtes Buch *Der stumme Frühling* eines der einflussreichsten des 20. Jahrhunderts ist und den Beginn der amerikanischen Umweltbewegung markiert.

20. September

»Leicht zu leben ohne Leichtsinn, heiter zu sein ohne Ausgelassenheit, Mut zu haben ohne Übermut, Vertrauen und freudige Ergebung zu zeigen ohne Fatalismus – das ist die Kunst des Lebens.«

Theodor Fontane

geboren am 30. Dezember 1819
gestorben am 20. September 1898

Deutscher Dichter und Schriftsteller und
als solcher der wichtigste Vertreter des poetischen Realismus.

15
April

»Aber hier, wie überhaupt, kommt es anders, als man glaubt.«

Wilhelm Busch

geboren am 15. April 1832
gestorben am 9. Januar 1908

Deutscher Zeichner und Karikaturist, der als »Klassiker des deutschen Humors« und Pionier des Comics gilt. Er erfand die berühmten Figuren Max und Moritz.

19 September

»Geistige Gesundheit ist eine nette Lüge.«

Susan Sontag

geboren am 16. Januar 1933
gestorben am 28. Dezember 2004

Schriftstellerin, Regisseurin und mutige Kritikerin der
gesellschaftlichen Verhältnisse in den Vereinigten Staaten.

16 *April*

»Wenn man die Gleichheit zweier Zahlen a und b beweist, indem man zunächst zeigt, dass ›a kleiner oder gleich b ist‹ und dann ›a ist größer als oder gleich b‹, ist das unfair, man sollte stattdessen zeigen, dass sie wirklich gleich sind durch Offenlegung des inneren Grunds für ihre Gleichheit.«

Emmy Noether

geboren am 23. März 1882
gestorben am 14. April 1935

Erste deutsche Mathematik-Professorin, als eine der bedeutendsten Mathematikerinnen aller Zeiten gehört sie zu den Begründern der modernen Algebra.

18 September

»Wirklich reich ist ein Mensch nur dann,
wenn er das Herz eines geliebten Menschen besitzt.«

Greta Garbo

geboren am 18. September 1905
gestorben am 15. April 1990

Schwedische Filmschauspielerin, die den Beinamen »die Göttliche« erhielt;
eine der größten Leinwandlegenden überhaupt.

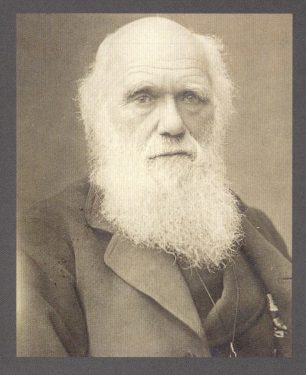

17 *April*

»Nichts in der Geschichte des Lebens ist beständiger als der Wandel.«

Charles Darwin

geboren am 12. Februar 1809
gestorben am 19. April 1882

Einer der bedeutendsten britischen Naturwissenschaftler,
der die moderne Evolutionstheorie begründete.

HILDE GARDIS a Virgin Prophete*ss*, Abbe*ss* of S.t Rvperts Nunnerye. She died at Bingen A.o Do: 1180. Aged 82 yeares.

17
September

»Dein Schöpfer hat dir einen lebendigen Schatz gegeben: deinen Verstand.«

Hildegard von Bingen

geboren um 1098
gestorben am 17. September 1179

Erste Vertreterin der deutschen Mystik,
deren bildhafte Sprache bis heute Bestand hat.

18 *April*

»So einfach wie möglich, aber nicht einfacher.«

Albert Einstein

geboren am 14. März 1879
gestorben am 18. April 1955

Der Inbegriff eines Genies und wohl der bedeutendste Wissenschaftler des 20. Jahrhunderts, er veränderte das Weltbild der Menschheit radikal und setzte sich für Frieden und Völkerverständigung ein.

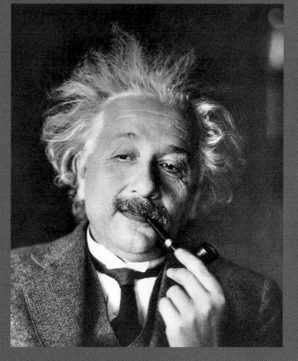

16 September

»Den Partner nehmen, wie er ist, und nicht, wie man ihn gerne hätte.«

Loki Schmidt

geboren am 3. März 1919
gestorben am 21. Oktober 2010

Deutsche Pädagogin und Botanikerin und langjährige Ehefrau des Bundeskanzlers Helmut Schmidt, die durch ihre Bescheidenheit und Gradlinigkeit beeindruckte; ihre Lebenserinnerungen wurden zum Bestseller.

19 April

»Das Leben ist eine Reise, die heimwärts führt.«

Herman Melville

geboren am 1. August 1819
gestorben am 28. September 1891

US-amerikanischer Dichter, dessen berühmtester
Roman *Moby Dick* zum Kanon der Weltliteratur zählt.

15. September

»Das Leben leicht tragen und tief genießen
ist ja doch die Summe aller Weisheit.«

Wilhelm von Humboldt

geboren am 22. Juni 1767
gestorben am 8. April 1835

Gelehrter, Mitgründer der Berliner Universität und Staatsmann,
der zu den großen Persönlichkeiten der deutschen Geschichte gehört.

20 *April*

»Die Leute, die nicht zu altern verstehen,
sind die gleichen, die nicht verstanden haben, jung zu sein.«

Marc Chagall

geboren am 7. Juli 1887
gestorben am 28. März 1985

Weißrussischer Künstler, der zu den berühmtesten Malern des 20. Jahrhunderts gehört. Chagalls Bilder weisen eine enge Verbundenheit mit der russischen Volkskunst und der jüdischen Mythologie auf.

14 September

»Der Weg zum Ziel beginnt an dem Tag, an dem du die hundertprozentige Verantwortung für dein Tun übernimmst.«

Dante Aligheri

geboren im Jahr 1265
gestorben am 14. September 1321

Italienischer Dichter und Philosoph, bedeutender Vertreter des europäischen Mittelalters sowie Verfasser der bekannten *Göttlichen Komödie*, mit der er das Italienische zur Literatursprache führte.

21 April

»Bei der Erziehung muss man etwas aus dem Menschen herausbringen und nicht in ihn hinein.«

Friedrich Fröbel

geboren am 21. April 1782
gestorben am 21. Juni 1852

Deutscher Pädagoge, der die Idee von fördernder Kinderbetreuung vorantrieb und für die entsprechenden Einrichtungen die Bezeichnung Kindergarten prägte.

13
September

»Manchmal findet man etwas, wonach man gar nicht gesucht hat.«

Alexander Fleming

geboren am 6. August 1881
gestorben am 11. März 1955

Bakteriologe und Nobelpreisträger, der als entscheidender Entdecker des lebensrettenden Penicillins gilt, des vielleicht wichtigsten Medikaments unserer Zeit.

22 *April*

»Bei Vorbildern ist es unwichtig, ob es sich dabei um einen großen toten Dichter, um Mahatma Gandhi oder um Onkel Fritz aus Braunschweig handelt, wenn es nur ein Mensch ist, der im gegebenen Augenblick ohne Wimpernzucken gesagt oder getan hat, wovor wir zögern.«

Erich Kästner

geboren am 23. Februar 1899
gestorben am 29. Juli 1974

Deutscher Schriftsteller, Dichter und Drehbuchautor. Insbesondere seine klugen und warmherzigen Kinderbücher sind weltberühmt.

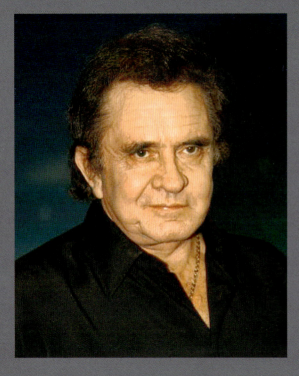

12
September

»Du musst deine Grenzen kennen. Ich habe herausgefunden, dass es nicht allzu viele Grenzen gibt, wenn ich es auf meine Art mache.«

Johnny Cash

geboren am 26. Februar 1932
gestorben am 12. September 2003

Als US-amerikanischer Sänger und Songschreiber einer der einflussreichsten. Er schrieb über 500 Songs und engagierte sich für Strafgefangene, für die er in den 1960er-Jahren legendäre Konzerte gab.

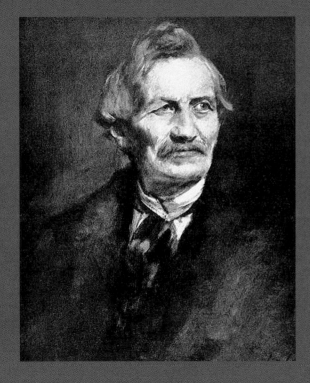

23 *April*

»Backstein erscheine als Backstein, Holz als Holz, Eisen als Eisen, ein jedes nach den ihm eigenen Gesetzen der Statik.«

Gottfried Semper

geboren am 29. November 1803
gestorben am 15. Mai 1879

Deutscher Architekt des 19. Jahrhunderts und überzeugter Republikaner, berühmt durch den Bau der Oper in der Dresdner Altstadt.

11 September

»Freiheit wäre, nicht zwischen schwarz und weiß zu wählen, sondern aus solch vorgeschriebener Wahl herauszutreten.«

Theodor W. Adorno

geboren am 11. September 1903
gestorben am 6. August 1969

Gesellschaftskritischer deutscher Sozialphilosoph, Musiktheoretiker und Komponist, der sich besonders gegen den nachliberalen Spätkapitalismus wandte.

24 *April*

»Politik ist nicht wirklich real an Lösungen interessiert. Genauso wenig wie die Medien. Politik ist eine Simulation, die Lösungen vorgaukelt, die Medien simulieren die Aufdeckung dieser Simulation und manipulieren dadurch auf ihre Art.«

Christoph Schlingensief

geboren am 24. Oktober 1960
gestorben am 21. August 2010

Deutscher Film-, Theater- und Opernregisseur und der wohl bekannteste Theater-Provokateur Deutschlands.

10
September

»Mensch sein heißt, dem Leben ein Gleichnis entgegenzusetzen.«

Franz Werfel

geboren am 10. September 1890
gestorben am 26. August 1945

Bedeutender expressionistischer Schritsteller, dessen
dramatisches Werk sich bis heute großer Beliebtheit erfreut.

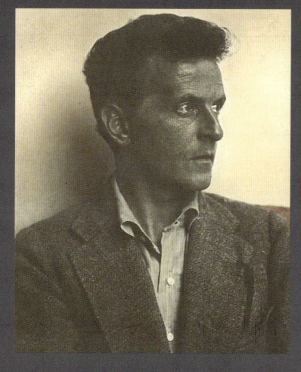

25 April

»Wovon man nicht sprechen kann, darüber muss man schweigen.«

Ludwig Wittgenstein

geboren am 26. April 1889
gestorben am 29. April 1951

Österreichisch-britischer Philosoph, dessen Werk bedeutende Impulse gab für die Entwicklung des logischen Positivismus und der analytischen Sprachphilosophie.

9. September

»Man muss auch den Mut zur Intoleranz gegenüber denen aufbringen, die die Demokratie gebrauchen wollen, um sie umzubringen.«

Carlo Schmid

geboren am 3. Dezember 1896
gestorben am 11. Dezember 1979

Deutscher Staatsrechtler, SPD-Politiker, Minister und einer der Gründerväter des Grundgesetzes, der sich besonders für die Aussöhnung mit Frankreich einsetzte.

26 April

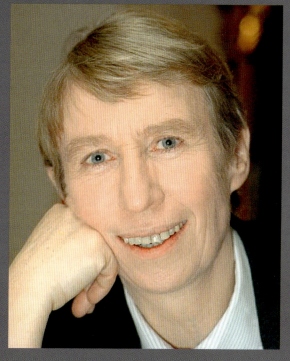

»Gott will, dass allen Menschen geholfen wird und sie zur Erkenntnis der Wahrheit kommen.«

Regine Hildebrandt

geboren am 26. April 1941
gestorben am 26. November 2001

Deutsche Politikerin, die sich in der DDR-Bürgerbewegung engagierte und später durch ihr direktes und couragiertes Auftreten sehr beliebt war.

8 September

»Vernunft ist die uns angeborene Fähigkeit, Gesetze zu entdecken und diese durch unser Denken anzuwenden.«

Hermann von Helmholtz

geboren am 31. August 1821
gestorben am 8. September 1894

Deutscher Universalgelehrter und einer der vielseitigsten Naturwissenschaftler seiner Zeit, genannt »Reichskanzler der Physik«.

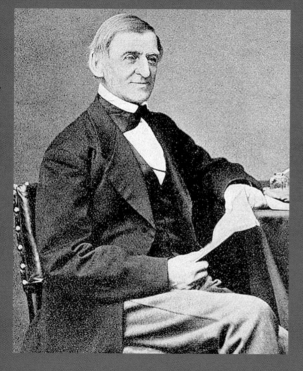

27 *April*

»Selbstaufopferung ist das wirkliche Wunder, aus dem alle anderen Wunder entspringen.«

Ralph Waldo Emerson

geboren am 25. Mai 1805
gestorben am 27. April 1882

Amerikanischer Philosoph, Schriftsteller und unitarischer Pastor von großem Einfluss.

7. September

»Dem Ranghöheren zu gehorchen ist um ein Vielfaches leichter, als sich selbst in der Gewalt zu haben, und wenn uns erlaubt ist zu tun, was immer wir wollen, dann ist es nicht einfach, stets nur das zu wollen, was richtig ist.«

Ludwig XIV. von Frankreich

geboren am 5. September 1638
gestorben am 1. September 1715

Französicher König, Inbegriff der absoluten Monarchie und mit 72 Jahren Regentschaft der Herrscher mit der längsten Amtszeit in der Geschichte Europas.

28 April

»Eine Frau tut, was ein Mann will,
wenn er verlangt, was sie wünscht!«

Elizabeth Taylor

geboren am 27. Februar 1932
gestorben am 23. März 2011

Hollywood-Legende, die mit Filmen wie *Die Katze auf dem heißen Blechdach* und *Plötzlich im letzten Sommer* weltberühmt wurde. Taylor wurde als Charakterdarstellerin zweimal mit dem Oscar ausgezeichnet.

September 6.

»Wer nur von Musik etwas versteht, der versteht auch von ihr nichts.«

Hanns Eisler

geboren am 6. Juli 1898
gestorben am 6. September 1962

Österreichischer Komponist und Musiktheoretiker, enger Freund und Mitarbeiter von Bertolt Brecht. Musikalischer Urheber der DDR-Hymne.

29 *April*

»Kunst kommt für mich vor Demokratie.«

Sir Alfred Hitchcock

geboren am 13. August 1899
gestorben am 29. April 1980

Amerikanischer Spielfilmregisseur, der zu den bedeutendsten
der Filmgeschichte gehört, außerdem eine der bekanntesten
Persönlichkeiten der Zeitgeschichte.

5. September

»Vielseitigkeit mag ich nicht recht oder glaube eigentlich nicht recht daran. Was eigentümlich und schön und groß sein soll, das muss einseitig sein.«

Felix Mendelssohn-Bartholdy

geboren am 3. Februar 1809
gestorben am 4. November 1847

Deutscher Musiker, der nicht nur der Gründer der ersten Musikhochschule Deutschlands und der erste Dirigent überhaupt, sondern auch einer der bedeutendsten Vertreter der Romantik war.

30 April

»Wahrlich es ist nicht das Wissen, sondern das Lernen, nicht das Besitzen, sondern das Erwerben, nicht das Da-Sein, sondern das Hinkommen, was den größten Genuss gewährt.«

Carl Friedrich Gauß

geboren am 30. April 1777
gestorben am 23. Feburar 1855

Hochbegabter deutscher Mathematiker, Astronom und Physiker, der schon zu Lebzeiten als »Fürst der Mathematiker« galt und sich auch mit Philosophie und Literatur befasste. Viele Methoden und Ideen sind nach ihm benannt.

4. September

»Schwach will ich und darf ich nicht sein.
Wenn der Mensch nur will – er kann ja ALLES.«

Robert Schumann

geboren am 8. Juni 1810
gestorben am 29. Juli 1856

Deutscher Musiker der Romantik, der nicht nur komponierte und
Klavier spielte, sondern auch eine besondere Liebe zu Literatur hegte.

1 *Mai*

»Das Nichts ist aller Weisheit voll.
Wo das Nichts ist, endet der Könige Machtgebot,
nur das Nichts kennt keine Leiden.«

Otto von Guericke

geboren am 30. November 1602
gestorben am 21. Mai 1686

Deutscher Politiker, Jurist und Naturwissenschaftler.
Er war Begründer der Vakuumtechnik und erforschte den Luftdruck.

3 September

»Niemals am Boden bleiben. Steh auf und mach weiter!«

Max Schmeling

geboren am 28. September 1905
gestorben am 2. Februar 2005

Boxlegende, zwischen 1930 und 1932 Weltmeister im Schwergewicht
und einer der populärsten deutschen Sportler überhaupt.

2 Mai

»Habe keine Angst vor der Perfektion: du wirst sie nie erreichen.«

Salvador Dalí

geboren am 11. Mai 1904
gestorben am 23. Januar 1989

Einer der bekanntesten Maler des 20. Jahrhunderts und Hauptvertreter des Surrealismus, außerdem Grafiker, Schriftsteller und Bühnenbildner.

2. September

»Sorge dich nicht um das, was kommen wird, weine nicht um das, was vergeht.«

Friedrich Schleiermacher

geboren am 21. November 1768
gestorben am 12. Februar 1834

Deutscher Theologe und Sprachwissenschaftler, der auf vielen Gebieten publizierte und dabei vielfach Maßstäbe setzte.

3 Mai

»Auch wenn man unterliegt, soll man es in Ehren tun.«

Nicoló Macchiavelli

geboren am 3. Mai 1469
gestorben am 21. Juni 1527

Einer der bedeutendsten Staatsphilosophen der Neuzeit, der aber auch Dichter, Diplomat und Geschichtsschreiber war. Sein berühmtes Werk *Der Fürst* befasst sich mit dem Erlangen und der Erhaltung von Macht.

1 September

»Der Bau der Welt ist daher so, als hätte sie überall ihr Zentrum und nirgends eine Peripherie, denn Umkreis und Zentrum ist Gott, der überall und nirgends ist.«

Nikolaus von Kues

geboren im Jahr 1401
gestorben am 11. August 1464

Deutscher Universalgelehrter des ausgehenden Mittelalters und einer der ersten Humanisten überhaupt.

4 Mai

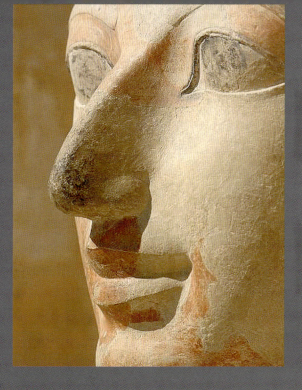

»Was willst du geschehen lassen?«

Hatschepsut

reg. von um 1479 v. Chr. bis um 1458 v. Chr.

Ägyptische Pharaonin des Mittleren Reiches, deren Regierungszeit als blühende Glanzzeit der Geschichte gilt. Ihr Grabmal ist weltberühmt.

31 August

»Das Gehirn ist der wichtigste Muskel beim Klettern.«

Wolfgang Güllich

geboren am 24. Oktober 1960
gestorben am 31. August 1992

Deutscher Sportkletterer,
der als erster Mensch eine Route im XI. Grad bewältigte.

5 *Mai*

»Hilf mir, es selbst zu tun.«

Maria Montessori

geboren am 31. August 1870
gestorben am 6. Mai 1952

Italienische Ärztin und Pädagogin, deren Ideen von
Eigeninitiative und Kreativität noch heute vorbildhaft sind.

30 August

»Im Übrigen hat keiner ein besonderes Anrecht auf Beifall, sondern das, was mit der Vernunft in Einklang steht, wird angenommen.«

Samuel Pufendorf

geboren am 8. Januar 1632
gestorben am 26. Oktober 1694

Deutscher Historiker, Philosoph und Rechtslehrer der beginnenden Aufklärung. Er setzte sich besonders für religiöse Toleranz ein und brachte erstmals den Begriff der Menschenwürde im Rechtswesen ein.

6 Mai

»Jeder Mensch erfindet sich früher oder später eine Geschichte, die er für sein Leben hält.«

Max Frisch

geboren am 15. Mai 1911
gestorben am 4. April 1991

Schweizer Schriftsteller und Journalist, der die Auseinandersetzung des Menschen mit sich selbst in den Mittelpunkt seines Schaffens stellte; 1965 hielt er in Jerusalem die erste offizielle Rede in deutscher Sprache nach dem Zweiten Weltkrieg.

29 August

»Die Stärke unserer Überzeugung ist schlechterdings kein Beweis für ihre Richtigkeit.«

John Locke

geboren am 29. August 1632
gestorben am 28. Oktober 1704

Englischer Philosoph und als Aufklärer einer der bedeutendsten seiner Zeit. Er gilt als Vater des Liberalismus und beeinflusste unter anderem die Unabhängigkeitserklärung und die Verfassung der Vereinigten Staaten.

7
Mai

»Nach dem Höchsten und Herrlichsten musst du ringen, wenn dir das Schöne zuteilwerden soll.«

Caspar David Friedrich

geboren am 5. September 1774
gestorben am 7. Mai 1840

Deutscher Zeichner und Maler sowie einer der bedeutendsten Vertreter der Romantik.

28 August

»Die Arbeit, die man nie beginnt, dauert am längsten.«

J.R.R. Tolkien

geboren am 3. Januar 1892
gestorben am 2. September 1973

Britischer Schriftsteller und Philologe, dessen Fantasyroman *Der Herr der Ringe* eines der beliebtesten Bücher des 20. Jahrhunderts wurde.

8 Mai

»Du lebst nicht, bis du genau weißt, dass du lebst.«

Amedeo Modigliani

geboren am 12. Juli 1884
gestorben am 24. Januar 1920

Italienischer Zeichner, Maler und Bildhauer, dessen Bekanntheit vor allem auf seinen Aktgemälden beruht, die zu seiner Zeit als skandalös empfunden wurden.

27 August

»Persönlich habe ich immer Inspiration vor der Information bevorzugt.«

Man Ray

geboren am 27. August 1890
gestorben am 18. Nobember 1976

US-amerikanischer Künstler, der als Vertreter von Dadaismus und Surrealismus zu den bedeutendsten der Moderne gehört. Wichtige Impulse gingen auch für Film und Fotografie von ihm aus.

9 Mai

»Leben heißt etwas Aufgegebenes erfüllen. In dem Maße,
wie wir vermeiden, unser Leben an etwas zu setzen, entleeren wir es.«

José Ortega y Gasset

geboren am 9. Mai 1883
gestorben am 18. Oktober 1955

Spanischer Essayist und Philosoph von so großer Vielseitigkeit,
dass er keiner Schule zugeordnet werden kann.

26
August

»Wer Bäume setzt, obwohl er weiß, dass er nie in ihrem Schatten sitzen wird, hat zumindest angefangen, den Sinn des Lebens zu begreifen.«

Rabindranath Tagore

geboren am 7. Mai 1861
gestorben am 7. August 1941

Bengalischer Dichter und erster Nobelpreisträger für Literatur, der aus Asien stammte und sich auch als Musiker, Philosoph und Maler hervortat.

10 *Mai*

»Tanz ist ein Telegramm an die Erde
mit der Bitte um Aufhebung der Schwerkraft.«

Fred Astaire

geboren am 10. Mai 1899
gestorben am 22. Juni 1987

Als US-amerikanischer Schauspieler, Sänger und Tänzer eine der
größten Filmlegenden überhaupt, berühmt für seine Stepptanznummern.

25 August

»Ich bin ein anderer.«

Reinhard »Stan« Libuda

geboren am 10. Oktober 1943
gestorben am 25. August 1996

Deutscher Fußballer, legendärer Dribbler, Publikumsliebling
und Teilnehmer des »Jahrhundertspiels« gegen Italien 1969.

11 *Mai*

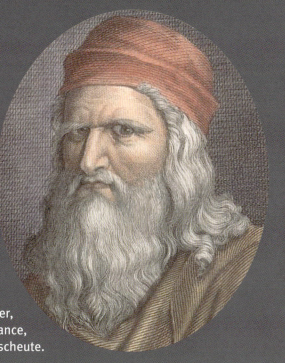

»Das Nichts hat keine Mitte, und seine Grenzen sind das Nichts.«

Leonardo da Vinci

geboren am 15. April 1542
gestorben am 2. Mai 1519

Jahrhundertgenie von leidenschaftlicher Neugier,
visionärer Erfinder, Künstler und Denker der Renaissance,
der weit über seine Zeit hinauswies und keinen Konflikt scheute.

24 August

»Es ist unmöglich, jemandem ein Ärgernis zu geben, wenn er's nicht nehmen will.«

Friedrich Schlegel

geboren am 10. März 1772
gestorben am 12. Januar 1829

Gilt als Mitbegründer der modernen Geisteswissenschaften, war aber auch Übersetzer, Kritiker und Philosoph sowie Vertreter der Jenaer Romantik.

12 *Mai*

»Die Wissenschaft fängt eigentlich erst da an, interessant zu werden, wo sie aufhört.«

Justus von Liebig

geboren am 12. Mai 1803
gestorben am 18. April 1873

Bedeutender deutscher Chemiker, der nicht nur den Mineraldünger sowie Nahrung in Pulverform wie Fleischextrakt oder Babynahrung erfand, sondern auch als Begünder der Organischen Chemie gilt.

23 August

»Weit entfernt davon bin ich, ein Heiliger zu sein.«

Oskar Schindler

geboren am 28. April 1908
gestorben am 9. Oktober 1974

Deutscher Unternehmer, der im Zweiten Weltkrieg über
zwölfhundert Juden das Leben rettete.

13 *Mai*

»Wir müssen absolut unabhängig sein von Politik und Wirtschaftsinteressen, sondern nur den Menschen und deren Gesundheit verpflichtet bleiben.«

Mildred Scheel

geboren am 31. Dezember 1932
gestorben am 13. Mai 1985

Ärztin und Begründerin der Deutschen Krebshilfe, die als Frau des Bundespräsidenten und durch ihr soziales Engagement großes Ansehen genoss.

22 August

»Und ob alles in ewigem Wechsel kreist,
es beharret in Wechsel ein ruhiger Geist.«

Friedrich Schiller

geboren am 10. November 1759
gestorben am 9. Mai 1805

Berühmter deutscher Schriftsteller und Vertreter der Weimarer Klassik,
der leidenschaftlich für die Freiheit der Menschen eintrat.

14 *Mai*

»Auch den vertrautesten Freund verschone mit deinem Geheimnis!
Forderst du Treue von ihm, die du dir selber versagst?«

Johann Gottfried Herder

geboren am 25. August 1744
gestorben am 18. Dezember 1803

Philosoph, Theologe und einer der einflussreichsten Schriftsteller zur Zeit der Aufklärung. Zählte zusammen mit Christoph Martin Wieland, Johann Wolfgang Goethe und Friedrich Schiller zum »Viergestirn« von Weimar.

21 *August*

»Der Mensch ist nichts anderes als wozu er sich macht.«

Jean-Paul Sartre

geboren am 21. Juni 1905
gestorben am 15. April 1980

Philosoph, Schriftsteller und Existentialist, vielleicht der wichtigste Intellektuelle Frankreichs im 20. Jahrhundert.

15 *Mai*

»Lebensklugheit bedeutet: alle Dinge möglichst wichtig, aber keines völlig ernst zu nehmen.«

Arthur Schnitzler

geboren am 15. Mai 1862
gestorben am 21. Oktober 1931

Österreichischer Dramatiker und Erzähler, der seine Zeit sehr kritisch betrachtete und einer der bedeutendsten Vertreter der Wiener Moderne war.

20 August

»Niemand außer dir kann dich glücklich oder unglücklich machen.«

Martin Opitz

geboren am 23. Dezember 1597
gestorben am 20. August 1639

Deutscher Dichter und einer der wichtigsten Vertreter des Barock,
der zudem die Schlesische Dichterschule begründete.

16 *Mai*

»Das Leben ist kurz, die Kunst ist lang.«

Hippokrates

geboren um 460 v. Chr.
gestorben 370 v. Chr.

Heilkundler der griechischen Antike, dessen Name bis heute
für den Ethos der Ärzte, die gegen alle Vorurteile nach Heilung und
Linderung für die Menschen suchen, steht.

19
August

»Es ist nichts Großes, demütig zu sein, wenn du am Boden liegst; aber wenn du demütig bist, solange man Großes von dir spricht, ist das eine große und seltene Errungenschaft.«

Bernhard von Clairvaux

geboren um 1090
gestorben am 20. August 1153

Begründer der mittelalterlichen Christusmystik, Abt und Zisterzienser. Seine Kreuzzugspredigten hatten in ganz Europa große Wirkung, zudem beeinflusste er Architektur, Dichtkunst und Musik der folgenden Jahrhunderte.

17 *Mai*

»Da ich fand, dass … angestellte Nachforschungen ebenso wissenswert wie nützlich sein würden, so habe ich eine genaue Untersuchung der Ursachen und Wirkungen dieser eigenartigen Krankheit vorgenommen.«

Edward Jenner

geboren am 17. Mai 1749
gestorben am 26. Januar 1823

Englischer Landarzt,
der die moderne Schutzimpfung gegen Pocken entwickelte.

18 August

»Soziale Schulung ist nicht nur eine Sache der Vermittlung von Wissen, sondern eine Frage der Entwicklung des Gewissens, … die für eine richtige Erfassung gegenseitiger Pflichten und Verantwortungen im Gemeinschaftsleben notwendig sind.«

Alice Salomon

geboren am 19. April 1872
gestorben am 30. August 1948

Sozialpolitikerin und Frauenrechtlerin, gründete die erste Frauenschule in Deutschland und leitete diese bis zu ihrer Flucht aus Nazideutschland.

18 *Mai*

»Es ist ein Jammer, dass die Dummköpfe so selbstsicher sind und die Klugen so voller Zweifel.«

Bertrand Russell

geboren am 18. Mai 1872
gestorben am 2. Februar 1970

Der britische Philosoph und Logiker veröffentlichte eines der bedeutendsten Werke der Mathematik. Er trat zeitlebens für den Frieden ein und erhielt 1950 den Nobelpreis für Literatur.

17 August

»Baukunst ist immer der räumliche Ausdruck
geistiger Entscheidung.«

Ludwig Mies van der Rohe

geboren am 27. März 1886
gestorben am 17. August 1968

Deutscher Architekt der Moderne und einer der wichtigsten
Vertreter des Bauhauses mit großer Wirkung auf die gesamte Baukunst.

19 *Mai*

»Nur wer denkt, ist frei und selbständig.«

Ludwig Feuerbach

geboren am 28. Juli 1804
gestorben am 13. September 1872

Deutscher Denker, der eine konsequent anthropologische
Philosophie begründete und sich von aller Religiosität lossagte.

16 August

»Die Krankheit unserer heutigen Städte und Siedlungen ist das traurige Resultat unseres Versagens, menschliche Grundbedürfnisse über wirtschaftliche und industrielle Forderungen zu stellen.«

Walter Gropius

geboren am 18. Mai 1883
gestorben am 5. Juli 1969

Deutscher Architekt, Mitbegründer des Bauhauses, dem er jahrelang vorstand, und der modernen Architektur überhaupt.

20 *Mai*

»Es genügt nicht, ein anständiger Mensch zu sein.
Man muss es auch zeigen.«

Honoré de Balzac

geboren am 20. Mai 1799
gestorben am 18. August 1850

Einer der wichtigsten französischen Schriftsteller der Geschichte,
an der Schwelle zwischen Romantik und Realismus, der ein sehr
genauer Beobachter der Gesellschaft war.

15 August

»Ich bin frei, denn ich bin einer Wirklichkeit nicht ausgeliefert, ich kann sie gestalten.«

Paul Wazlawick

geboren um 25. Juli 1921
gestorben am 31. März 2007

Österreichischer Philosoph, Phsychotherapeut und Psychoanalytiker, der zu den einflussreichsten Theoretikern der Kommunikationstheorie gehört. Seine Ratgeber-Parodie *Anleitung zum Unglücklichsein* avancierte zum Bestseller.

21 Mai

»Es ist gar viel leichter,
ein Ding zu tadeln, als es selbst zu erfinden.«

Albrecht Dürer

geboren am 21. Mai 1471
gestorben am 6. April 1528

Wohl der bedeutendste deutsche Maler der Renaissance, der sich gleichzeitig als Mathematiker und Kunsttheoretiker hervortat und Wegweisendes für die Entwicklung von Holzschnitt und Kupferstich leistete.

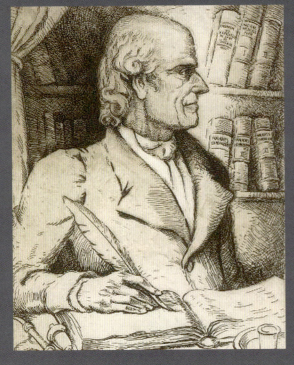

14 August

»Ähnliches soll durch Ähnliches geheilt werden.«

Samuel Hahnemann

geboren am 10. April 1755
gestorben am 2. Juli 1843

Der Begründer der Homöopathie war ein deutscher Arzt, Verfasser medizinischer Schriften und Übersetzer.

22 Mai

»Zu glauben ist schwer. Nicht zu glauben ist unmöglich.«

Victor Hugo

geboren am 26. Februar 1802
gestorben am 22. Mai 1885

Französischer Schriftsteller und Publizist von außerordentlicher Bedeutung,
einer der größten französischen Autoren des Realismus und der Romantik.

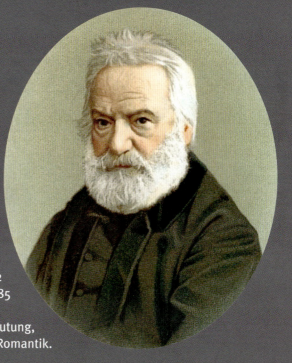

13
August

»Wenn man mit Flügeln geboren wird,
sollte man alles dazu tun, sie zum Fliegen zu benutzen.«

Florence Nightingale

geboren am 12. Mai 1820
gestorben am 13. August 1910

Berühmte britische Krankenschwester im Krimkrieg mit großer mathematischer Begabung, die dank ihrer Reformen in den Lazaretten die Sterblichkeitsrate unter den Verwundeten drastisch verringern konnte.

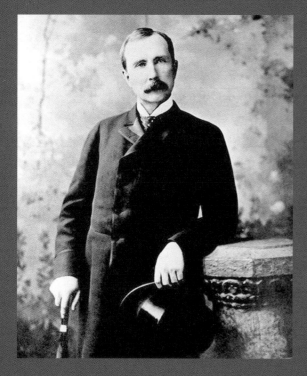

23 *Mai*

»Ich habe immer versucht,
jede Katastrophe in eine Chance zu verwandeln.«

John D. Rockefeller

geboren am 8. Juli 1839
gestorben am 23. Mai 1937

Der US-amerikanische Unternehmer und Mitbegründer einer Ölraffinerie
stammt aus Deutschland und gilt bis heute als reichster Mensch aller Zeiten.

12 August

»Das Misstrauen gegen den Geist ist Misstrauen gegen den Menschen selbst, ist Mangel an Selbstvertrauen.«

Heinrich Mann

geboren am 27. März 1871
gestorben am 11. März 1950

Deutscher Schriftsteller der Moderne, der dem Kommunismus nahestand und sich in politischen Schriften gegen die Nationalsozialisten wandte.

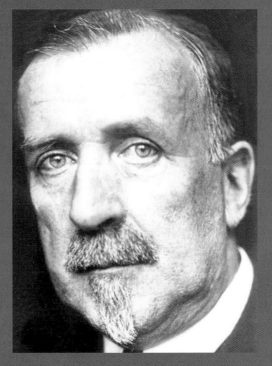

24 Mai

»Sei ein Philosoph;
aber inmitten all deiner Philosophie bleibe Mensch!«

David Hume

geboren am 7. Mai 1711
gestorben am 25. August 1776

Der schottische Philosoph, Ökonom und Historiker
zählt zu den größten Denkern des 18. Jahrhunderts.

11 August

»Wut macht träge Männer geistreich, aber sie bleiben auch arm.«

Elisabeth I. von England

geboren am 7. September 1533
gestorben am 24. März 1603

Englische Königin, die ihrem Zeitalter den Namen gab und deren Regentschaft von Frieden, Wohlstand und kultureller Blüte gekennzeichnet war.

25 *Mai*

»Wer Mut zeigt, macht Mut.«

Adolf Kolping

geboren am 8. Dezember 1813
gestorben am 4. Dezember 1865

Deutscher Priester, der als Reaktion auf die sozialen
Missstände im 19. Jahhundert das Kolpingwerk ins Leben rief.

10 August

»Die Macht des Verstandes, … sie wird auch im Fluge dich tragen.«

Otto Lilienthal

geboren am 23. Mai 1848
gestorben am 10. August 1896

Deutscher Luftfahrtpionier, der die erste Serienproduktion von Flugapparaten startete und dessen Gleitflugexperimente die Entwicklung der Tragfläche möglich machten.

26 *Mai*

»Das Mögliche steht höher als das Tatsächliche.«

Martin Heidegger

geboren am 26. September 1889
gestorben am 26. Mai 1976

Deutscher Philosoph und Begründer der sogenannten Fundamentalontologie, der die gesamte abendländische Philosophie einer Kritik unterzog und eine neue Auffassung vom Menschen entwickelte.

9. August

»Nach dem Hören eines Musikwerkes möchte ich nicht der bleiben, der ich bislang war: Ich muss das Werk in mich aufnehmen, es durchleben, in ihm etwas für mich entdecken.«

Dimitri Schostakowitsch

geboren am 25. September 1906
gestorben am 9. August 1975

Einer der bedeutendsten russischen Komponisten, der zeitlebens ein ambivalentes Verhältnis zur sozialistischen Diktatur in Russland hatte.

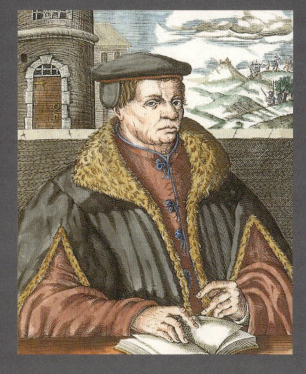

27 *Mai*

»Die Wahrheit muss hervor.
Die Leute sind hungrig, sie müssen und wollen essen.«

Thomas Müntzer

geboren um 1489
hingerichtet am 27. Mai 1525

Revolutionär und Theologe, der eine radikale Auffassung der Reformation vertrat und nicht nur in Mühlhausen eine gerechtere Gesellschaftsordnung errichtete, sondern auch verschiedene Bauernaufstände anführte.

8 August

»Uns kann man nicht eintauschen,
uns kann man nicht verhandeln,
und uns kann man auch nicht verkaufen.«

Ernst Reuter

geboren am 29. Juli 1889
gestorben am 29. September 1953

Deutscher Politiker und Sozialdemokrat, nach dem Krieg
der wohl wichtigste Repräsentant Berlins und Symbolfigur des
Berliner Widerstands während der Blockade 1948.

28 *Mai*

»Der edle Mensch ist festen Sinnes, doch eigensinnig ist er nicht.«

Konfuzius

geboren um 551 v. Chr.
gestorben um 479 v. Chr.

Chinesischer Philosoph, der das Denken Chinas bis heute entscheidend prägt, sein zentrales Thema ist Ordnung und Harmonie in menschlichen Gemeinschaften.

7. August

»Ein Visionär zu sein, ist die Kunst zu sehen, was für andere unsichtbar ist.«

Jonathan Swift

geboren am 30. November 1667
gestorben am 19. Oktober 1745

Irischer Schriftsteller und Satiriker, der mutig Partei für die Iren und gegen die grausame englische Vorherrschaft ergriff. Berühmt wurde er durch sein Buch *Gullivers Reisen*.

29 *Mai*

»Ich habe vor nichts auf der Welt Angst.
Nur vor mir.«

Romy Schneider

geboren am 23. September 1938
gestorben am 29. Mai 1982

Deutsch-französische Schauspielerin von großer Kraft und Emotionalität.

6 August

»Die Wurzel aller Sittlichkeit ist die Selbstbeherrschung.«

Johann Gottlieb Fichte

geboren am 19. Mai 1762
gestorben am 29. Januar 1814

Deutscher Erzieher und Philosoph und
einer der wichtigsten Vertreter des deutschen Idealismus.

30 *Mai*

»Die Freiheit ist nicht die Willkür, beliebig zu handeln, sondern die Fähigkeit, vernünftig zu handeln.«

Rudolf Virchow

geboren am 13. Oktober 1821
gestorben am 5. September 1902

Deutscher Arzt, einer der bedeutendsten Mediziner der Neuzeit und der Begründer der modernen Pathologie; war auch als Archäologe und Politiker aktiv.

5 August

»Das Wunder, wenn man es erlebt, ist nie vollkommen.
Erst die Erinnerung macht es dazu.«

Erich Maria Remarque

geboren am 22. Juni 1898
gestorben am 25. September 1970

Deutscher Schriftsteller, der durch seinen Antikriegsroman *Im Westen nichts Neues*, der viele Millionen Mal verkauft wurde, Weltruhm erlangte.

31 *Mai*

»Es ist immer zu früh, um aufzugeben.«

Norman Vincent Peale

geboren am 31. Mai 1898
gestorben am 24. Dezember 1993

US-amerikanischer Autor und Pfarrer, der mit seiner *Kraft des positiven Denkens* eine praktische christliche Lebenshilfe für jedermann entwickelte, die bis heute große Verbreitung findet.

4 August

»Verschiebe niemals auf morgen,
was du auf den Tag danach verschieben kannst.«

Raoul Wallenberg

geboren am 4. August 1912
Todesdatum unbekannt

Schwedischer Diplomat, der im Zweiten Weltkrieg einer sehr großen Anzahl von ungarischen Juden das Leben rettete. Er wurde in der Sowjetunion der Spionage bezichtigt, über seinen Verbleib ist nichts bekannt.

1 Juni

»Unsere Träume können wir erst dann verwirklichen,
wenn wir uns entschließen, einmal daraus zu erwachen.«

Josefine Baker

geboren am 3. Juni 1906
gestorben am 12. April 1975

Französische Sängerin und Tänzerin mit amerikanischen Wurzeln, die sich zeitlebens beherzt für Menschenrechte und gegen Rassismus einsetzte.

3 August

»Wenn die Reichen nicht mehr mittun wollen, gehe ich hinaus auf die Landstraße und hole mir die Blinden und Lahmen.«

Friedrich Wilhelm Raiffeisen

geboren am 30. März 1818
gestorben am 11. März 1888

Deutscher Sozialreformer und Begründer der genossenschaftlichen Bewegung, die mit dem Prinzip der gegenseitigen Bürgschaft der Verarmung der Landbevölkerung nachhaltig entgegenwirkte.

2 Juni

»Du bist die Aufgabe.«

Franz Kafka

geboren am 3. Juli 1883
gestorben am 3. Juni 1924

Schriftsteller, dessen Werke – vor allem Erzählungen und Romanfragmente – zu den wichtigsten der modernen Literatur gehören.

2. August

»Mut ist nur daran zu messen:
wen man und wen man nicht auf seiner Seite hat.«

Ludwig Marcuse

geboren am 8. Februar 1894
gestorben am 2. August 1971

Deutsch-amerikanischer Schriftsteller und Philosoph, der vor allem durch Nietzsche beeinflusst war. Seine Schriften waren während des Nationalsozialismus verboten.

3 Juni

»Man kann nicht über seinen Schatten springen,
aber man muss auch nicht immer in seinem Schatten leben.«

Adolph Lowe

geboren am 4. März 1893
gestorben am 3. Juni 1995

Deutscher Soziologe und Nationalökonom, der zu den Pionieren der Konjunkturforschung gehörte. Sein Hauptinteresse galt den Folgen des technologischen Wandels für Wirtschaft und Gesellschaft.

1 August

»Wahrlich, wahrlich, die nehmen dem Frühling das Jahr weg,
die die Schulen verfallen lassen.«

Philipp Melanchthon

geboren am 16. Februar 1497
gestorben am 19. April 1560

Deutscher Dichter und Theologe, humanistischer Philosoph und
Lehrmeister sowie einer der wichtigsten Protagonisten der Reformation.

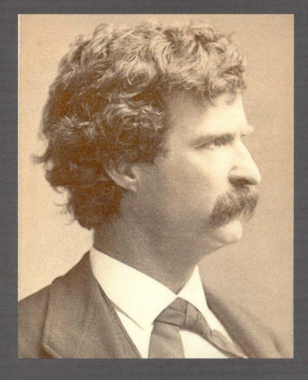

4
Juni

»Über die Zukunft zu reden ist der beste Vorwand,
sich vor der Gegenwart zu drücken.«

Mark Twain

geboren am 30. November 1835
gestorben am 21. April 1910

US-amerikanischer Schriftsteller des Realismus und kluger Gesellschaftskritiker seiner Zeit, der vor allem durch seine Jugendromane und die Figuren Tom Sawyer und Huckleberry Finn weltbekannt wurde.

31 *Juli*

»Alle Hoffnungen sind naiv, aber wir leben von ihnen.«

Primo Levi

geboren am 31. Juli 1919
gestorben am 11. April 1987

Italienischer Schriftsteller, weltberühmt durch die Erinnerungen an seine Zeit im KZ Auschwitz mit dem Titel *Ist das ein Mensch?* sowie als Überlebender des Holocaust.

5
Juni

»Das Schicksal nimmt nichts, was es nicht gegeben hat.«

Lucius Aennaeus Seneca

geboren um 1 n. Chr.
gestorben im Jahr 65 n. Chr.

Römischer Philosoph, Dramatiker und Staatsmann sowie
einer der wichtigsten und einflussreichsten Schriftsteller seiner Zeit.

30 *Juli*

»Ich lehne es ab, anzuerkennen, dass es Unmöglichkeiten gibt.«

Henry Ford

geboren am 30. Juli 1863
gestorben am 7. April 1947

Gründer des Automobilunternehmens Ford, wo er konsequent die Fließbandproduktion vorantrieb und somit zum Vorreiter aller modernen Fertigungsmethoden wurde.

6 Juni

»Bei Braun kommt eine Rechnung nur dann richtig heraus, wenn er zwei Fehler macht, die sich zufällig aufheben.«

Ferdinand Braun

geboren am 6. Juni 1850
gestorben am 20. April 1918

Nobelpreisträger für Physik, der die Grundlagen des Richtfunks und der sogenannten Ferntelegraphie entwickelte.

29 *Juli*

»Die Pflicht gegen sich selbst besteht darin, dass der Mensch die Würde der Menschheit in seiner eigenen Person bewahre.«

Immanuel Kant

geboren am 22. April 1724
gestorben am 12. Februar 1804

Wichtigster deutscher Philosoph der Aufklärung, der nicht nur bis heute wirkt, sondern dessen berühmte Schrift *Kritik der reinen Vernunft* auch den Beginn der modernen Philosophie markiert.

7
Juni

»Zweifellos vermag die Politik Großartiges zu schaffen, aber nur das Herz vollbringt Wunder.«

George Sand

geboren am 1. Juli 1804
gestorben am 8. Juni 1876

Französische Schriftstellerin
und mit ihren sozialkritischen Schriften Vorreiterin der Frauenbewegung.

28 *Juli*

»Ich halte das Buch für das wichtigste Kulturgut Europas und vielleicht der ganzen Welt.«

Karl Raimund Popper

geboren am 28. Juli 1902
gestorben am 17. September 1994

Philosoph und Begründer des kritischen Rationalismus, zu dessen Anhängern unter anderem Albert Einstein gehörte.

8 Juni

»Wer an Allah und den Jüngsten Tag glaubt,
der soll entweder Gutes sprechen oder schweigen.«

Prophet Mohammed

geboren um 570
gestorben am 8. Juni 632

Religionsgründer und der letzte der muslimischen Propheten,
der mit Gottes Offenbarung – dem Koran – zur Erde gesandt wurde.

27 *Juli*

»Wir alle lieben dieselben Kinder, weinen dieselben Tränen, hassen dieselbe Feindschaft und beten um Versöhnung. Der Frieden hat keine Grenzen.«

Jitzchak Rabin

geboren am 1. März 1922
ermordet am 4. November 1995

Israelischer Ministerpräsident, der für seine Friedensbemühungen im Nahen Osten 1994 den Friedensnobelpreis erhielt. Bis zu seiner Ermordung fand er auch im arabischen Lager viel Zustimmung.

9 Juni

»In deine Hände, Vater, befehle ich meinen Geist.«

Karl der Große

geboren am 2. April 747
gestorben am 28. Januar 814

König der Franken, Römischer Kaiser, der schon zu Lebzeiten
als einer der bedeutendsten Herrscher des Abendlandes galt.

26 *Juli*

»Für den Menschen sind Schwierigkeiten lebensnotwendig;
sie sind für seine Gesundheit unabdingbar.«

C. G. Jung

geboren am 26. Juli 1875
gestorben am 6. Juni 1961

Schweizer Psychiater und gleichzeitig
der Begründer der analytischen Psychologie.

10 *Juni*

»Gott hat keine Eile.«

Antoni Gaudi

geboren am 25. Juni 1852
gestorben am 10. Juni 1926

Berühmtester katalanischer Architekt des Modernisme, einer Art Jugendstil, bekannt für seinen eigenwilligen Stil runder, organisch wirkender Formen und sein Konzept eines Gebäudes als Gesamtkunstwerk.

25 *Juli*

»Humor ist der Schwimmgürtel auf dem Strome des Lebens.«

Wilhelm Raabe

geboren am 8. September 1831
gestorben am 15. Nobember 1910

Deutscher Schriftsteller, der vielleicht wichtigste Vertreter
des poetischen Realismus und ein entschiedener Kritiker seiner Zeit.

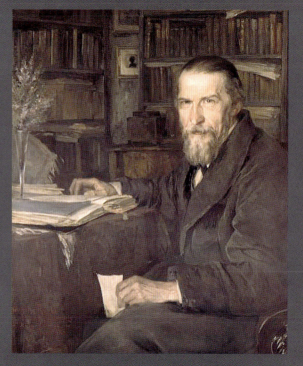

11 *Juni*

»Es gibt keine größere Sünde als viele Wünsche.
Es gibt kein größeres Übel als kein Genüge zu kennen.
Es gibt keinen größeren Fehler als haben zu wollen.«

Lao-Tse

lebte wahrscheinlich im 6. Jahrhundert v. Chr.

Chinesischer Philosoph und Begründer des Daoismus mit nicht zu überschätzender Wirkung, dessen Existenz jedoch nicht gesichert ist.

24 *Juli*

»Alle menschliche Weisheit liegt in den zwei Worten
›Harren und Hoffen‹.«

Alexandre Dumas

geboren am 24. Juli 1802
gestorben am 5. Dezember 1870

Französischer Schriftsteller, dessen Romane zu Klassikern geworden sind.

12 *Juni*

»Wollen wir eine Brücke schlagen von Mensch zu Mensch, so müssen die Brückenköpfe eben nicht die Köpfe, sondern die Herzen sein.«

Viktor Frankl

geboren im 26. März 1905
gestorben am 2. September 1997

Österreichischer Begründer der Logotherapie und Autor des Buches *Trotzdem Ja zum Leben sagen*, in dem er über seine Erlebnisse im KZ berichtet. Seine Einstellung, dass der Mensch auch in schlimmen Zeiten nicht verzagen darf, macht bis heute Mut.

23 *Juli*

»Iss nicht dein Herz auf.«

Pythagoras
geboren um 570 v. Chr.
gestorben um 510 v. Chr.

Bedeutender Philosoph und Mathematiker der griechischen Antike,
der auch eine religiöse Schule gründete.

13 Juni

»Gerne glauben die Menschen das, was sie wollen.«

Julius Caesar

geboren am 13. Juni 100 v. Chr.
ermordet am 15. März 44 v. Chr.

Römischer Staatsmann, Autor und Feldherr, auf den die
Umwandlung der Römischen Republik in ein Kaiserreich zurückgeht.

22 Juli

»Viele Menschen stellen oft dieselbe Frage: ›Wozu schreiben Sie das? Wieso erschrecken Sie uns? …‹ Ich bin überzeugt, es muss sein. Aus einem einfachen Grund: Wir sind die Zeitgenossen dieses Kriegs, und wir werden uns seinetwegen verantworten müssen.«

Anna Politkovskaja
geboren am 30. August 1958
ermordet am 7. Oktober 2006

Russische Journalistin, die Korruption und Menschenrechtsverletzungen der russischen Regierung bis zu ihrer Ermordung furchtlos anprangerte.

14 Juni

»Nur wer so standhaft seine Freunde liebt, ist wert, dass ihm der Himmel Freunde gibt.«

Ludwig II. von Bayern

geboren am 25. August 1845
gestorben am 13. Juni 1886

König von Bayern, von vielen bis heute als Märchenkönig verehrt. Seine intensive Schlossbautätigkeit, die Unterstützung technischer Neuerungen und Förderung der Musik Richard Wagners wirken bis heute fort.

21 *Juli*

»Freude, mein Lieber, ist die Medizin des Lebens.«

Ernest Hemingway

geboren am 21. Juli 1899
gestorben am 2. Juli 1961

US-amerikanischer Schriftsteller, Kriegsberichterstatter und
Pulitzer-Preisträger sowie einer der erfolgreichsten Schriftsteller
des 20. Jahrhunderts.

15 *Juni*

»Es ist besser, den Tod für das Leben zu halten,
als das Leben für den Tod.«

Wassily Kandinsky

geboren am 4. Dezember 1866
gestorben am 13. Dezember 1944

Russischer Maler, Grafiker und Kunsthistoriker,
der als Begründer der abstrakten Malerei gilt.

20 *Juli*

»Ich habe ein Reich erobert,
aber es ist mir nicht gelungen, mich selbst zu erobern.«

Peter der Große

geboren am 9. Juni 1672
gestorben am 8. Februar 1725

Erster Kaiser des Russischen Reichs, Zar und Großfürst von Russland,
der bis heute als einer der herausragendsten Politiker des Landes gilt.

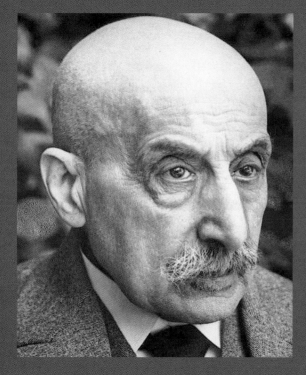

16 *Juni*

»Selbst das Genie steht immer auf den Schultern seiner Vorgänger.«

Max Liebermann

geboren am 20. Juli 1847
gestorben am 8. Februar 1935

Deutscher Maler und einer der bedeutendsten Vertreter des Expressionismus, außerdem Gründungsmitglied des berühmten *Blauen Reiters*.

19 *Juli*

»Wer gut leitet, dem folgt man gern.«

Aurelius Plutarch

geboren um 45 n. Chr.
gestorben um 125 n. Chr.

Griechischer Schriftsteller und Geschichtsschreiber der Antike,
der vor allem zahlreiche Biografien und philosophische Texte verfasste.

17 Juni

»Als ich die Seele mit einbezog, kam ich zum Erfolg.«

Sebastian Kneipp

geboren am 17. Mai 1821
gestorben am 17. Juni 1897

Priester und Wassertherapeut, auf den – nachdem er selbst durch Wasseranwendungen von der Tuberkulose geheilt wurde – die noch heute übliche Kneipp-Kur zurückgeht.

18 *Juli*

»Starre nicht auf den Ablauf der Zeit. Fülle sie mit Arbeit, und du wirst dich nicht über den Verlust an Lebenszeit beklagen.«

Francesco Petrarca

geboren am 20. Juli 1304
gestorben am 18. Juli 1374

Geschichtsschreiber und Verfasser einiger der größten Werke italienischer Dichtkunst, der zugleich als Mitbegründer des Humanismus gilt.

18 Juni

»Ehrliche Unwissenheit ist weniger schlimm als falsches Wissen.«

Theodor Mommsen

geboren am 30. November 1817
gestorben am 1. November 1903

Deutscher Historiker, der als der bedeutendste Altertumswissenschaftler des 19. Jahrhunderts gilt. Für seine *Römische Geschichte* wurde er 1902 mit dem Nobelpreis für Literatur ausgezeichnet.

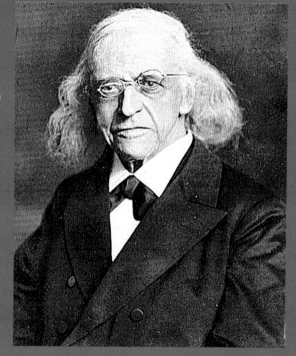

17 *Juli*

»Glücklich sind die Menschen,
wenn sie haben, was gut für sie ist.«

Platon

geboren 428 v. Chr.
gestorben 348 v. Chr.

Antiker griechischer Philosph und einer
der bedeutendsten Denker der Geschichte.

19 *Juni*

»Je älter ich werde, desto absurder kommt mir das Leben vor, und diese Absurditäten lassen sich nur mit Humor ertragen.«

William Golding

geboren am 19. September 1911
gestorben am 19. Juni 1993

Britischer Schriftsteller und Nobelpreisträger,
Schöpfer des berühmten Romans *Herr der Fliegen*.

16 *Juli*

»Wer die Gewissheit auf dem Herzen trägt, auf dem richtigen Weg zu sein, der bleibt kühl, wenn auch die Magnetnadel des Lebens ab und zu tanzt.«

Roald Amundsen

geboren am 16. Juli 1872
gestorben am 18. Juni 1928

Norwegischer Polarforscher, der als erster Mensch mit seiner Expedition 1912 den südlichsten Punkt der Erde erreichte.

20 *Juni*

»Jeder Tag bringt seine Geschenke mit,
man braucht sie nur auszupacken.«

Albert Schweitzer

geboren am 14. Januar 1875
gestorben am 4. September 1965

Deutscher Friedensnobelpreisträger, Theologe und Arzt, der mit seinem Engagement in Afrika und seiner Gründung eines Leprahospitals in Gabun als Urwaldarzt weltweit bekannt wurde.

15 *Juli*

»Der Zeit ihre Kunst, der Kunst ihre Freiheit.«

Gustav Klimt

geboren am 14. Juli 1862
gestorben am 6. Februar 1918

Österreichischer Maler und vielleicht wichtigster, auf
alle Fälle berühmtester Vertreter des Wiener Jugendstils.

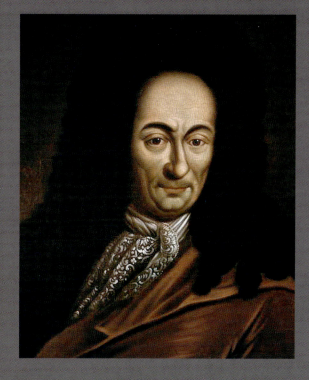

21 *Juni*

»Die Gerechtigkeit ist nichts anderes
als die Nächstenliebe des Weisen.«

Gottfried Wilhelm Leibniz

geboren am 21. Juni 1646
gestorben am 14. November 1716

Bedeutender deutscher Universalgelehrter und
einer der wichtigsten Vertreter der frühen Aufklärung.

14 *Juli*

»Es gibt keine Grenzen.
Weder für Gedanken, noch für Gefühle.
Es ist die Angst, die immer Grenzen setzt.«

Ingmar Bergmann

geboren am 14. Juli 1918
gestorben am 30. Juni 2007

Schwedischer Regisseur und Drehbuchautor mit hohem Ansehen auf der ganzen Welt, der vielen als der beste Filmregisseur aller Zeiten gilt.

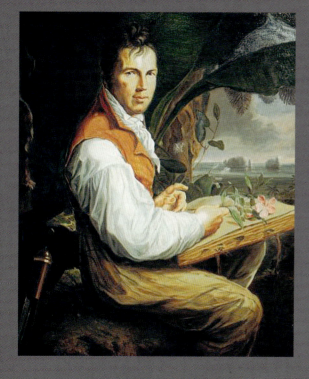

22 *Juni*

»Wissen und Erkennen sind die Freude
und die Berechtigung der Menschheit.«

Alexander von Humboldt

geboren am 14. September 1769
gestorben am 6. Mai 1859

Deutscher Naturforscher von großer Bedeutung,
der seinen Zeitgenossen als »Wissenschaftsfürst« galt.

13 *Juli*

»Ich male nie Träume oder Alpträume.
Ich male meine eigene Wirklichkeit.«

Frida Kahlo

geboren am 6. Juli 1907
gestorben am 13. Juli 1954

Mexikanische Malerin und eine der wichtigsten Vertreterinnen
des Surrealismus, den sie sehr volkstümlich interpretierte.
Ihr Werk trägt stark autobiografische und zeitkritische Züge.

23 Juni

»Ich habe mich von Jugend an mit der Erforschung … beschäftigt.«

Maria Sibylla Merian

geboren am 2. April 1647
gestorben am 13. Januar 1717

Berühmte Forschungsreisende und Wegbereiterin der wissenschaftlichen Insektenkunde sowie bedeutende Künstlerin, die schon zu Lebzeiten hoch geachtet war.

12 *Juli*

»Je weniger wir Trugbilder bewundern,
desto mehr vermögen wir die Wahrheit aufzunehmen.«

Erasmus von Rotterdam

geboren am 27. Oktober 1465
gestorben am 12. Juli 1536

Einer der bedeutendsten Gelehrten des europäischen Humanismus;
er verfasste zahlreiche Schriften, die ihn nicht nur zum Wegbereiter
der Reformation machten, sondern auch zum Vorreiter der Aufklärung.

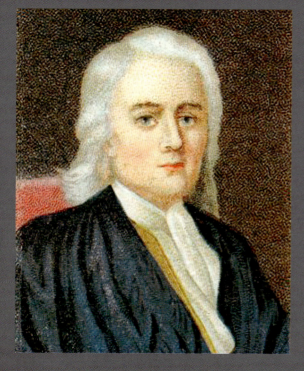

24 *Juni*

»Schicksal ist nie eine Frage der Chance, sondern der Wahl.«

Isaac Newton

geboren am 4. Januar 1643
gestorben am 31. März 1727

Britischer Philosoph, Naturforscher und Entdecker des Gravitationsgesetzes, der als einer der größten Wissenschaftler aller Zeiten gilt.

11 *Juli*

»Alles Menschliche soll unvollkommen bleiben, damit wir nicht wähnen, dass unsere Ziele innerhalb der vergänglichen Welt liegen.«

Ernst Curtius

geboren am 2. September 1814
gestorben am 11. Juli 1896

Deutscher Historiker, Archäologe und
Erzieher des späteren deutschen Kaisers Friedrich III.

25 Juni

»Nichts gibt es auf der ganzen Welt, das Bestand hat. Alles fließt.«

Publius Ovidius Naso (Ovid)

geboren am 20. März 43 v. Chr.
gestorben im Jahr 17 n. Chr.

Dichter der römischen Antike, der wohl wegen seiner berühmten
Liebesgedichte fast zeitlebens aus Rom verbannt war.

10 *Juli*

»Sich fügen heißt lügen.«

Erich Mühsam

geboren am 6. April 1878
ermordet am 10. Juli 1934

Deutscher Autor und sozialistischer Publizist, der für die Räterepublik kämpfte und von den Nationalsozialisten ermordet wurde.

26 *Juni*

»Weisheit entspringt nicht so sehr dem Verstande als aus dem Herzen.«

Peter Rosegger

geboren am 31. Juli 1843
gestorben am 26. Juni 1918

Österreichischer Schriftsteller von außerordentlicher Popularität und großer Heimatverbundenheit.

9 Juli

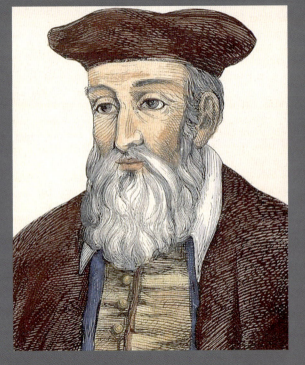

»Der junge Löwe wird den alten besiegen.«

Michel de Notredame – Nostradamus

geboren am 14. Dezember 1503
gestorben am 2. Juli 1566

Französischer Astrologe, Apotheker und Arzt, der sich besonders für Pestkranke einsetzte; er wurde berühmt durch seine Prophezeiungen in Versform, die sehr weit in die Zukunft reichen.

27 *Juni*

»Frauen sind erst dann erfolgreich,
wenn niemand mehr überrascht ist, dass sie erfolgreich sind.«

Emmeline Pankhurst

geboren am 14. Juli 1858
gestorben am 14. Juni 1928

Englische Frauenrechtlerin, die eine Theorie des gewaltlosen
Widerstands entwickelte, sich dann jedoch radikalisierte.

8 *Juli*

»Ich will wirken in dieser Zeit,
in der die Menschen so ratlos und hilfsbedürftig sind.«

Käthe Kollwitz

geboren am 8. Juli 1867
gestorben am 22. April 1945

Eine der wichtigsten deutschen Künstlerinnen überhaupt,
sie fertigte nicht nur sozialkritische Radierungen, Kupferstiche
und Holzschnitte, sondern schuf auch Plastiken von zeitloser Wirkung.

28 *Juni*

»Die Freiheit des Menschen liegt nicht darin, dass er tun kann, was er will, sondern dass er nicht tun muss, was er nicht will.«

Jean-Jacques Rousseau

geboren am 28. Juni 1712
gestorben am 2. Juli 1778

Philosoph und Pädagoge aus Genf,
der als eine der bedeutendsten Figuren der Aufklärung gilt.

7. Juli

»Gegen die Infamitäten des Lebens sind die besten Waffen: Tapferkeit, Eigensinn und Geduld. Die Tapferkeit stärkt, der Eigensinn macht Spaß und die Geduld gibt Ruhe.«

Hermann Hesse

geboren am 2. Juli 1877
gestorben am 9. August 1962

Deutsch-schweizerischer Schriftsteller und Nobelpreisträger, dessen stark autobiografisch geprägtes Werk einen sehr unmittelbaren Zugang zum Leser findet.

29 *Juni*

»Wenn der geworfene Stein Bewusstsein hätte,
so würde er sagen, ich fliege, weil ich will.«

Blaise Pascal

geboren am 19. Juni 1623
gestorben am 19. August 1662

Französischer Mathematiker, Literat und christlicher Philosoph
sowie Erfinder einer der ersten Rechenmaschinen.

6 *Juli*

»Der Weise hat immer mehr Dinge, die er will,
als solche, die er nicht will.«

Jan Hus

geboren um 1369
hingerichtet am 6. Juli 1415

Christlicher Reformer, der den weltlichen Besitz der Kirche kritisierte und
der – zusammen mit seinen Schriften – auf dem Scheiterhaufen endete.

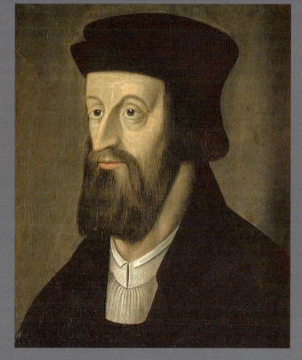

30 Juni

»Auch eine Enttäuschung,
wenn sie nur gründlich und endgültig ist,
bedeutet einen Schritt vorwärts.«

Max Planck

geboren am 23. April 1858
gestorben am 4. Oktober 1947

Deutscher Nobelpreisträger, der als einer der bedeutendsten Naturwissenschaftler der Neuzeit sowie als Begründer der Quantenphysik gilt.

5 Juli

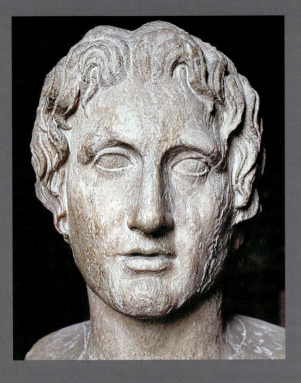

»Es gibt keine anderen Welten mehr zu erobern!«

Alexander der Große

geboren am 20. Juli 356 v. Chr.
gestorben am 10. Juni 323 v. Chr.

König von Makedonien, der die Grenzen seines Reiches enorm ausdehnte und dessen Herrschaft den Beginn des Hellenismus markierte, der die Antike nachhaltig prägte.

1 *Juli*

»Es gibt keine langwierige Arbeit,
ausgenommen die, mit der du nicht zu beginnen wagst.«

Charles Baudelaire

geboren am 9. April 1821
gestorben am 31. August 1867

Wegbereiter der europäischen Moderne in der Literatur und einer der
bedeutendsten französischen Lyriker und Schriftsteller, sein berühmtestes
Werk *Die Blumen des Bösen* schrieb Literaturgeschichte.

4 Juli

»Man braucht nichts im Leben zu fürchten,
man muss nur alles verstehen.«

Marie Curie

geboren am 7. November 1867
gestorben am 04. Juli 1934

Physikerin und einizige weibliche Mehrfach-Nobelpreisträgerin,
die vor allem radioaktive Substanzen erforschte.

2 *Juli*

»Man muss lernen, was zu lernen ist,
und dann seinen eigenen Weg gehen.«

Georg Friedrich Händel

geboren am 5. März 1685
gestorben am 14. April 1759

Deutsch-britischer Komponist des Barock und einer der
einflussreichsten Musiker der Geschichte, dessen Werke seit
über 250 Jahren regelmäßig aufgeführt werden.

3 Juli

»Ich habe diese fatalistische Haltung nie akzeptiert.«

Ludwig Guttmann

geboren am 3. Juli 1899
gestorben am 18. März 1980

Deutscher Neurochirurg, der nicht nur Behandlungsmethoden für Querschnittsgelähmte entwickelte, die bis heute gültig sind, sondern auch erstmals Sportwettbewerbe für behinderte Menschen veranstaltete.